Combat pour le français

Claude Hagège

Combat pour le français

Au nom de la diversité des langues et des cultures

Odile Jacob

15, rue Soufflot, 75005 Paris

www.odilejacob.fr

ISBN 2-7381-1692-2

Introduction

À quoi servent les langues ?

Les sociétés humaines les utilisent, notamment, pour communiquer. Les uns jugeront que cette finalité des langues épuise leur définition. Elles ne seraient donc que des instruments. Dans cette perspective, si une langue, à un certain moment de son histoire, n'est plus adaptée aux services qu'on en attend, on peut, sans états d'âme, lui en substituer une différente, qui paraît plus adéquate en tant qu'outil. Les autres, au contraire, considèrent que chaque langue est le reflet de l'identité profonde d'une communauté. Il s'y investirait donc des valeurs symboliques essentielles : mode d'expression d'une certaine culture, elle est nourrie par tout ce que le passé y a construit de traces, et ainsi équipée pour affronter les incertitudes de l'avenir.

Ces deux conceptions des langues humaines induisent deux attitudes distinctes face à la situation contemporaine. Or par quoi celle-ci est-elle caractérisée ?

Par le plus formidable de tous les défis auxquels l'ensemble des langues de l'humanité ait jamais été confronté. Ceux pour qui les langues ressemblent, en quelque mesure, aux espèces vivantes de la nature sont en droit de penser que l'état linguistique du monde d'aujourd'hui, où l'anglais occupe une position dominante et peut-être en voie de le devenir davantage encore, offre au regard un stade ultime de l'Histoire. À ce stade, on voit une espèce dotée de ressources puissantes s'imposer aux autres, illustrant, par là, une loi de l'évolution naturelle. Certains diront même que ce stade ultime est la réalisation, enfin advenue, d'un rêve antique des hommes : abolir les obstacles dressés, sur le chemin de l'harmonie universelle, par la discordance des langues, malédiction divine punissant, selon la tradition biblique, les démesures de Babel. Mais pour d'autres, la diversité des langues ne saurait être vue comme un égarement faisant suite à une unicité originelle, moins encore comme un châtiment. Elle apparaîtrait plutôt comme première : chaque langue est par nature le miroir d'un peuple et de ses représentations.

Dès lors, la domination d'une seule langue, loin d'être une promesse, est une menace. Une prise de conscience de cette situation peut aider à ouvrir des pistes d'action et à maîtriser le mécanisme qui s'est résolument mis en marche. En Europe et dans le reste du monde, le cheminement vers une extension régulière du domaine de l'anglais au détriment des autres langues semble être un processus difficile à inverser. Pourtant, l'initiative humaine devrait être capable de contenir cette progression, à condition de lui opposer une énergie et des forces suffisantes.

Tel est le débat sur lequel s'articule le présent ouvrage. Celui-ci se présente en deux parties. Dans la première, on oppose au rayonnement ancien et récent du français l'universalisation contemporaine de l'anglais. Dans la seconde partie, on propose de nombreux moyens d'inverser ce processus apparemment inéluctable et de garantir ainsi une harmonie entre la domination d'une langue et la nécessité d'une diversité culturelle et linguistique dans le monde, tel que les sociétés humaines l'ont voulu et construit.

Mais avant de continuer, je souhaite remercier Odile Jacob, mon éditeur et amie. Avec son sens très sûr de l'art de présenter un exposé, elle m'a donné de précieux conseils, que je ne regrette pas d'avoir suivis.

PREMIÈRE PARTIE

Hier le français, aujourd'hui l'anglais ?

Le français et la culture française se sont illustrés et s'illustrent encore dans le monde (chapitre 1). Ils affrontent aujourd'hui, en même temps que toutes les autres langues et cultures, un défi multiforme (chapitre 2).

CHAPITRE 1

Rayonnement passé et présent de la langue et de la culture françaises

La langue française a connu un rayonnement remarquable à trois étapes, au moins, de son histoire. La culture française continue, aujourd'hui, de s'illustrer, notamment dans le domaine du cinéma, étroitement lié à la langue. Ce sont là les deux faits importants qu'on examinera dans le présent chapitre.

Sur trois moments de rayonnement européen du français

Pour une partie de l'opinion, en France, il ne saurait y avoir de doutes quant à la vocation universelle du français. Cette certitude, sereine autant que puissante, est alimentée par l'existence de trois grands moments de rayonnement. Pour comprendre l'attitude des hommes et des femmes qui représentent cette partie de l'opinion française et qui appartiennent à la société éclairée, il est important de rappeler les moments-phares de l'histoire du français.

PREMIER MOMENT : LE FRANÇAIS MÉDIÉVAL

Le premier de ces moments de rayonnement du français est la période de l'histoire médiévale qui s'étend de la fin du XIe au début du XIVe siècle. Le règne du français, sous sa forme normande telle qu'elle existait dans la seconde moitié du XIe siècle, s'installe en Angleterre au lendemain même de la conquête de ce pays, en 1066, par Guillaume de Normandie. Ce règne durera plus de trois cents ans, non sans laisser sur le vocabulaire de l'anglais les marques profondes qui donnent à une grande partie de ce vocabulaire la physionomie romane, souvent trompeuse, que l'on sait.

De surcroît, dans le sillage de la conquête normande, les formes médiévales du français se répandirent à Naples et en Sicile. Plus encore, elles furent implantées en Morée, à Chypre, à Constantinople, en Palestine et en Syrie. Ainsi, le français, sous la forme qui était la sienne à cette étape de son évolution, finit par devenir la langue commune de la chrétienté occidentale. Il le demeura jusqu'à la fin du XIIIe siècle. Un fait révélateur, parmi bien d'autres : les royaumes d'Antioche et de Jérusalem, notamment, le réputèrent langue officielle avant même qu'il n'en acquît le statut en France. L'érudit florentin B. Latini écrit en langue d'oïl son *Livre du trésor* (vers 1265), et s'en explique en déclarant que c'est là la « parlure plus délectable et plus commune à toutes gens ». Le chroniqueur vénitien M. da Canale assure, à la fin du XIIIe siècle, que « la langue française court le monde ».

Un nombre considérable d'étudiants étaient alors attirés par le prestige et la diffusion du français, bien qu'à l'université de Paris l'enseignement se donnât encore en latin. Les ouvrages qui répandaient cette « parlure délectable » avaient pour moyen d'expression la forme médiévale du français du Nord, ou langue d'oïl. Du fait de leur réputation, ils étaient traduits en de nombreuses langues européennes, qui représentent les étapes anciennes de l'occitan, du catalan, du portugais, du bas-allemand, toutes langues qui, au moins parmi les lettrés, étaient également à l'honneur, bien que dans une moindre mesure que le français. Ainsi, une Europe unie par la culture, et pourtant cosmopolite, offrait déjà le modèle de ce que devrait être aujourd'hui l'unité du continent.

Cependant, vers la fin du Moyen Âge, les autres langues européennes, idiomes vernaculaires des bourgeoisies nationales, commencent, à la faveur de l'ascension de ces dernières et du déclin de la féodalité, à s'affirmer de plus en plus fortement face au français. Au début du XIVe siècle, la civilisation raffinée de l'amour courtois et les chansons de geste amorcent un mouvement qui les fait apparaître comme les reflets d'un type de société de plus en plus désuet.

DEUXIÈME MOMENT : LE FRANÇAIS CLASSIQUE

Dans le deuxième moment de cette histoire du rayonnement du français, on observe l'effet de trois facteurs identiques à ceux que l'on pouvait noter pour le Moyen Âge : les succès politiques d'une part, la fortune des armes d'autre part, enfin la qualité des écrits de grands auteurs. La conjugaison de ces facteurs apparaît avec éclat quand, à l'instigation d'un homme qui incarne une haute conception du pouvoir en France, Richelieu, c'est l'autorité politique elle-même qui fonde l'Académie française. L'État accordant sa caution aux propositions de Chapelain, érudit à l'esprit créatif, l'Académie reçoit ministère de travailler avec diligence

> « à donner des règles certaines à notre langue et à la rendre pure, éloquente et capable de traiter les arts et les sciences » (article 24 des statuts).

Peu après le début du règne de Louis XIV, c'est-à-dire dans les années 1670, l'éclat des ouvrages littéraires de l'âge classique s'ajoute aux succès intérieurs et extérieurs de la monarchie absolue pour assurer à la langue française une fortune européenne. Selon les contemporains, ceux de France comme ceux de l'étranger, on « entend le français dans toute l'Europe ». Certes, une mesure funeste, la révocation de l'édit de Nantes, en 1685, produit un grave affaiblissement à moyen terme, notamment du fait de l'émigration de nombreuses élites, dont elle fut la cause. Mais, en dépit de cet événement, la consécration du rôle international du français reçut une confirmation de haute valeur symbolique lorsqu'il fut adopté pour langue du traité de Rastadt, conclu entre Louis XIV et Charles VI en 1714, date qui ouvre sa carrière de langue diplomatique. La deuxième universalité du français se renforça encore durant le XVIIIe siècle et, bien que d'autres langues connussent également, dans l'Europe cosmopolite et polyglotte des Lumières, un certain succès, encouragé, en fait, par son exemple même, le règne du français ne fit que se renforcer. Les plus grands écrivains étrangers eux-mêmes, comme Goethe ou Alfieri, se prenaient à douter de l'utilité d'employer encore leur langue, tant était grand le prestige du français.

Parmi les élites européennes, certains dénonçaient cette préséance, mais la plupart s'inclinaient devant elle. Au nombre des premiers, on peut citer le jurisconsulte allemand C. Thomas, qui écrivait dès 1726, dans son *Discours sur l'imitation des Français* :

> « Si nos ancêtres revenaient dans ce monde ils ne nous reconnaîtraient plus. Nous sommes des dégénérés, des bâtards. Aujourd'hui, tout doit être français chez nous : français les habits, les plats, le langage, françaises les mœurs, français les vices. »

Au nombre des seconds appartient le diplomate italien D. Caracciolo, qui célèbre, en 1776, *Paris, le modèle des nations étrangères, ou l'Europe française*, écrivant notamment :

> « Jadis, tout était romain, aujourd'hui, tout est français » (cité *in* Lecherbonnier 2005, p. 35).

Néanmoins, il importe de souligner qu'ici comme au Moyen Âge, c'était dans les franges sociales privilégiées de l'Europe que le français régnait, de Paris à Saint-Pétersbourg en passant par La Haye, Berlin et Stockholm, et de Madrid à Constantinople en passant par Turin, Florence, Parme, la Valachie et la Moldavie. En d'autres termes, son image était déjà, et depuis longtemps, celle d'une langue des élites et des classes favorisées par la fortune. L'anglais, en revanche, était tout à fait libre de cette connotation, dans la mesure même où sa vocation populaire se nourrissait d'un fait essentiel : il avait été en Angleterre, durant tout le règne de la monarchie normande, l'idiome des masses, ce qui avait dès longtemps dessiné sa vocation de langue sans lien direct ni nécessaire avec la haute société.

On perçoit bien, aujourd'hui encore, les effets de cette différence d'image. Mais en outre, annonçant le déclin au sommet même de la puissance, un phénomène particulier vint s'ajouter à ce facteur de fragilité : vingt ans avant le *Discours* de Rivarol, où l'on voyait célébrée en grande pompe l'universalité du français, le catastrophique traité de Paris, point d'orgue d'un conflit meurtrier entre la France et l'Angleterre autour d'un enjeu capital, la domination de l'Amérique du Nord, avait, en 1763, privé la France du Canada, de la vallée de l'Ohio et de la rive gauche du Mississippi. Les conséquences ultimes de cet épisode sont celles-là mêmes que chacun peut observer aujourd'hui : arc-bouté, à travers l'Atlantique, sur les deux rives anglaise et américaine, l'anglais se trouvait d'ores et déjà doté de tous les éléments pour devenir la langue du centre mondial des affaires et des relations entre les deux continents les plus puissants.

TROISIÈME MOMENT : LE RAYONNEMENT DU FRANÇAIS DE LA FIN DU XIXe AU DÉBUT DU XXe SIÈCLE

Il est frappant de constater qu'en dépit du grave échec dont on vient de faire état, la langue française, même sur un territoire et avec des moyens réduits, n'a pas cessé, dans un passé plus récent, de s'étendre à travers le monde. On pourrait parler d'un troisième moment de rayonnement du français (Hagège 2005b), si l'on prend en considération la période située entre les deux dernières décennies du XIXe siècle et les abords de la Seconde Guerre mondiale. C'est alors l'époque d'expansion coloniale la plus forte. Les mobiles de cette entreprise étaient d'abord commerciaux et directement appuyés sur la violence, affrontant le droit des populations, car les colons entendaient réduire les obstacles à l'ouverture des marchés et à l'accroissement des profits. Pourtant, dans le sillage de l'épisode colonial, l'école française laïque et obligatoire, qui, au même moment, gagnait en France des positions de plus en plus solides, répandait, notamment parmi les élites africaines, les idéaux universalistes associés, depuis la Révolution, à l'image de la culture française. Et la langue française, dans laquelle cet enseignement était conduit, apparaissait comme le véhicule naturel de cette idéologie, sinon comme son unique support concevable.

La fondation de l'Alliance israélite universelle, en 1860, avait répondu au vœu de dispenser un enseignement en français, et donc une culture française, aux enfants des familles juives sépharades qui vivaient dans les pays riverains de la Méditerranée. De même, la fondation de l'Alliance française, vingt-trois ans plus tard, en 1883, c'est-à-dire au début de cette période d'expansion coloniale accrue, donne la mesure du sentiment que l'on avait alors de la nécessité d'apporter la culture, et non pas seulement de coloniser. De fait, un lien explicite était établi entre les deux dimensions. C'est ce qu'attestent diverses déclarations, comme celle-ci, de P. Foncin (1889, p. 13), qui était alors secrétaire général de l'Alliance française :

« La conquête matérielle n'est rien sans la *conquête morale*, et les indigènes placés sous notre protectorat ne pourront devenir français de cœur s'ils n'ont appris à parler notre langue. Encourager l'enseignement du français aux indigènes des pays coloniaux est une des tâches essentielles de l'Alliance française. »

Les résonances de semblables déclarations peuvent paraître naïves et ironiquement désuètes à bien des lecteurs contemporains. Mais le fait que ces déclarations s'expliquent dans le cadre d'une entreprise coloniale dont le projet appartient à un passé révolu n'annule pas la conviction, beaucoup moins naïve, d'un lien profond entre la langue et l'idéologie. Ce lien se trouve encore confirmé, avec une force comparable, chez un homme politique illustre de la même époque, un socialiste, il faut le souligner, à savoir J. Jaurès (1884, p. 6) :

« L'Alliance a bien raison de songer avant tout à la diffusion de notre langue : nos colonies ne seront françaises d'intelligence et de cœur que quand elles comprendront un peu le français. »

Et c'est P. Foncin, encore, qui écrira, à propos de l'armée, de l'administration et du commerce, que ces moyens

« sont loin d'être aussi efficaces que la communauté [...] de langue, de coutumes. Il y a [...] quelque chose de plus fort encore que le lien de la nationalité : c'est, en dépit de toutes les différences ethniques, politiques et confessionnelles, l'adhésion du cœur et de la volonté. Savoir se faire aimer est le principal secret de l'art difficile de la colonisation. Se faire aimer, c'est régner à la fois par le rayonnement de ses idées et de son génie, et par la chaleur communicative de sa sympathie » (1891, p. 7).

L'idéologie que reflète ce texte produit un son étrange dans le monde contemporain, où l'épisode colonial est honni par les peuples et les gouvernements qui en ont subi les effets les plus négatifs. Ce que pourtant on peut retenir d'un semblable texte dans la perspective du présent livre, c'est une vérité qui dépasse la circonstance ponctuelle, à savoir que **pour se faire aimer, il faut faire aimer sa langue.** Les mêmes sentiments animaient les commandants militaires régionaux, comme le successeur de J. Gallieni au Sénégal et au Soudan, le lieutenant-colonel G.-L. Humbert, pour lequel

> « l'assimilation morale et matérielle à notre civilisation repose presque entièrement sur l'éducation et l'instruction que nous saurons inculquer aux jeunes générations indigènes » (Bouche 1966, p. 230).

Ainsi, tout à l'inverse de l'état d'esprit actuel dans de nombreux milieux politiques en France, il n'y avait guère de place, alors, pour le doute quant à la mission de la France, ni quant à l'aptitude du français à l'accomplir. Le français était conçu comme une arme importante pour soutenir une politique d'expansion, puisqu'il était offert aux colonisés comme la face culturelle, c'est-à-dire, à longue échéance, la plus profitable, d'une cynique action commerciale, crûment définie par l'économiste Leroy-Beaulieu, qui apparaissait comme la conscience théorique de l'empire colonial : « La colonisation est une question de vie ou de mort pour la France », écrit-il en 1891, à propos de la recherche de marchés et de lieux d'investissements.

Les épisodes qui viennent d'être rappelés, quel que soit le jugement que l'on puisse porter aujourd'hui sur l'idéologie qui dominait alors, font apparaître comme une évidence la nécessité d'engager une action décisive en faveur de la promotion du français.

Mais en outre, il existe au moins un autre domaine de la culture, lié à celui de la langue, dans lequel la France a rayonné et continue de rayonner, alors même qu'aujourd'hui, il lui faut affronter une très vive concurrence venue d'ailleurs. C'est de ce domaine qu'il va être à présent question.

L'exception culturelle aujourd'hui

LE CINÉMA COMME SUPPORT DE LA DIVERSITÉ

On appelait naguère « exception », et on tend à appeler plutôt aujourd'hui, d'une manière plus neutre, « diversité » culturelle, la vue selon laquelle les biens, services et produits culturels tels que les films, les émissions de télévision, etc., doivent être traités à part. En effet, selon cette vue, les biens, services et produits culturels ne sauraient être intégrés, par un traitement qui les assimilerait à n'importe quelle marchandise, telle qu'une automobile, un blouson ou une savonnette, dans le système général d'ouverture sans frein aux échanges commerciaux en tous sens. Prôner l'exception culturelle, c'est aussi promouvoir la langue. Cette dernière, en effet, est le support vivant des contenus culturels. Elle leur est donc liée de manière intrinsèque. Ainsi, un traitement spécifique doit être réservé aux objets culturels, qui les maintienne en dehors des marchandises ordinaires dont est bruyamment réclamée, sous la pression des multinationales, la libre circulation. Concrètement, cela signifie que les films qu'un pays produit dans sa langue doivent être défendus sur le marché national en imposant aux films étrangers un certain contingent à ne pas dépasser. Cela revient à pratiquer une politique douanière de protection.

La France est à l'avant-garde de ce combat, et ses traditions culturelles l'expliquent largement. Une raison supplémentaire justifie l'opiniâtreté que le pouvoir politique, en France, a mise, jusqu'ici, à défendre la diversité culturelle, alors même que, dans bien d'autres situations où la langue française et sa sauvegarde sont en jeu, il est loin de montrer la même résolution. Il s'agit, en effet, de maintenir à un bon niveau de production une industrie française, celle du film de cinéma et de télévision, qui demeure encore aujourd'hui compétitive. La situation, justement, est bien différente, hélas, dans les autres pays d'Europe occidentale : malgré la qualité d'une partie de leur production, et l'orgueil légitime qu'ils tirent d'une politique de soutien où la France leur sert de modèle, la situation des objets culturels y est beaucoup plus précaire ; ainsi, la part qu'y occupe la production cinématographique nationale est fort réduite, du fait de la redoutable concurrence des films américains, produits à profusion et franchissant des frontières assez perméables. Car, malgré les sérieuses différences culturelles entre l'Europe occidentale et les États-Unis, les sensibilités et les représentations mentales sont suffisamment comparables pour assurer un public européen aux films américains. À titre de comparaison, on peut mentionner, par exemple, l'Égypte et l'Union indienne, où la pénétration des films américains n'atteint pas comme en Europe une part prépondérante des marchés. Ceux-ci sont surtout occupés, dans ces deux pays, par une masse de films qui correspondent davantage aux mentalités et aux goûts locaux, orientés vers les histoires sentimentales et familiales sur fond de tradition sociale autochtone.

La politique française actuelle en matière de diversité culturelle dans le domaine du cinéma, comme dans celui des œuvres musicales, s'inscrit dans la continuité d'une certaine action et non dans l'improvisation. Dès 1986, une loi décida que tout diffuseur sollicitant du Conseil supérieur de l'audiovisuel l'autorisation d'utiliser une certaine fréquence était tenu de prévoir le temps accordé à la diffusion d'œuvres audiovisuelles d'expression originale française montrées pour la première fois, et aussi

> « la part du chiffre d'affaires consacrée à l'acquisition des droits de diffusion de ces œuvres, ainsi que la grille horaire de leur programmation » (Lecherbonnier 2005, p. 193-194).

Ainsi, la loi fait obligation aux télévisions hertziennes et câblées d'inclure chaque année un minimum de 40 % de films français dans l'ensemble dont elles assurent la diffusion. Cela s'applique aussi à la chanson, la moitié au moins des 40 % de chansons d'expression française devant provenir

> « de nouveaux talents ou de nouvelles productions, diffusées aux heures d'écoute significatives, par chacun des services de radiodiffusion sonore autorisés par le Conseil supérieur de l'audiovisuel, pour la part de ses programmes composée de musique de variétés ».

C'est à ce prix que le cinéma et la chanson ont pu, en France, échapper aux effets dévastateurs de la concurrence liée à l'afflux des productions américaines, et affichent aujourd'hui, même s'ils sont fort loin d'occuper à eux seuls les marchés, une santé dont il y a lieu de se féliciter. Ainsi est apportée la preuve que l'intervention rigoureusement articulée de l'autorité politique est en mesure d'endiguer un processus de déclin, et que par conséquent ce processus n'est pas une loi physique implacable. On reviendra au chapitre 4, dans un cadre plus général, sur ce sujet essentiel. Qu'il suffise de rappeler, à la présente étape, que, pour une large part, la mesure de sauvegarde mentionnée ici peut apparaître comme une réplique, quarante ans plus tard, à une exigence explicite du plan Marshall. Selon cette exigence, les pays qui profitaient de l'aide américaine pour se relever des destructions de la Seconde Guerre mondiale n'étaient pas assistés gratuitement, mais devaient, parmi beaucoup d'autres compensations, accorder aux productions de Hollywood 30 % de leurs écrans. La situation n'a fait qu'évoluer encore, depuis cette époque, au détriment de tous les cinémas nationaux européens.

Un autre point est à souligner, que l'on tend à oublier. Certes, la production française, et plus généralement européenne, n'est pas uniformément de qualité. Mais la production américaine contient une proportion plus importante de films visant de vastes publics relativement moins exigeants. C'est là le résultat naturel d'une loi des grands nombres liée au caractère massif de la pénétration de films en provenance d'un pays aussi grand et comportant un nombre aussi important de cinéastes. C'est une idée voisine que défendait P. Bourdieu dans une conférence prononcée devant de nombreux responsables de médias mondiaux. Il y souligna, ainsi que le rappelle Lecherbonnier (2005, p. 191-192), que ce qui est en jeu ici, ce n'est pas simplement un ensemble de cultures nationales défendues contre la culture internationale modelant les esprits selon une seule vision du monde, mais bien la création de qualité face à l'hyperproduction sans haute visée artistique.

Un certain nombre de films américains, évidemment, sont eux-mêmes de grande qualité. Mais les autres sont beaucoup plus nombreux, et ils sont portés par une politique commerciale très dynamique. C'est ce qu'écrivait explicitement, il y a peu, dans un article du journal *Le Figaro*, un cinéaste français que l'on ne saurait suspecter, pourtant, d'être hostile au cinéma américain :

> « Le cinéma français est en survie. J'aime et je connais le cinéma américain. Mais il a aussi une façon de manger le monde qui ne laisse aucune chance à tout ce qui ne vient pas de chez lui. Je rappelle que, si, en France, le cinéma national garde une part de marché de 30 %, elle n'excède pas 10 % ailleurs en Europe. [...] Il est évident que le cinéma américain attaque par tous les bouts et entend bien anéantir par tous les moyens la poche de résistance que nous sommes. Par le biais des coproductions, de la distribution et de l'achat de salles en Europe » (Besson 2003).

Peut-être serait-il utile de rappeler que, si, en Europe, la France est le seul pays où la production nationale soit parvenue à conserver plus de 10 % du marché, il existe, en Asie, au moins un pays, la Corée du Sud, où les films locaux sont suffisamment soutenus par les quotas de diffusion qu'impose l'État pour que la part de marché du cinéma national soit supérieure à 50 %. Dans ce même pays, l'industrie musicale et les programmes de télévision diffusent 80 % d'émissions coréennes. Notons que la langue coréenne, bien que son lexique contienne un nombre considérable d'emprunts à l'anglais (voir p. 68), conserve une grammaire totalement coréenne.

Au-delà du cinéma, la diversité culturelle est une nécessité absolue dans tous les domaines, et comme un indispensable apport d'oxygène pour prévenir l'asphyxie, sinon même pour empêcher les conflits et favoriser la paix dans le monde. Il est utile de méditer le passage suivant, écrit le 19 octobre 2005 (journal *Le Monde* de cette date, p. 15) par R. Donnedieu de Vabres, alors ministre français de la Culture et de la Francophonie :

> « Créée au lendemain de la guerre, l'Unesco devait servir l'unité du monde. Elle doit maintenant en sauver la pluralité. Ce projet n'est pas uniquement culturel. Il est profondément politique, au sens le plus élevé de ce terme. Parce qu'il est le fondement même de la paix. La diversité culturelle n'est pas une arrogance. Elle n'est pas un réflexe de survie. Elle n'est pas un cri minoritaire. C'est une main tendue. Une marque de respect. Une urgence, dans le monde d'aujourd'hui, pour enrayer la spirale des intégrismes et enclencher celle de la paix et de l'humanisme. »

LE PROBLÈME DE LA LANGUE DES FILMS. LE FRANÇAIS, LANGUE DES FILMS FRANÇAIS

Une façon de faire respecter l'exception dans une industrie culturelle de premier plan comme le cinéma est de maintenir l'exigence du français comme langue des films français. S'il était vrai que le tournage en anglais servît un film français en lui assurant une diffusion plus large, s'il était vrai, donc, que l'on pût dissocier complètement une langue et les contenus dont elle est le support, pourquoi l'idéologie culturelle de l'ultra-libéralisme, qui règne actuellement aux États-Unis, en Europe et dans une grande partie du monde, ne devrait-elle pas s'exprimer en allemand, en espagnol ou en français ? Or, aujourd'hui, c'est d'abord en anglais qu'elle s'exprime.

Ce lien entre un contenu et une langue est clairement souligné par le fait que l'on range au nombre des chefs-d'œuvre du cinéma français les grands films que réalisèrent, dans les années 1930 et 1940, R. Clair, J. Feyder, J. Grémillon, M. Carné, H.-G. Clouzot et d'autres. Or il s'agissait le plus souvent, du point de vue financier, de productions allemandes, en particulier de la société Warner. Mais ces films étaient en français, et les scénarios écrits dans cette langue reflétaient une connivence intime entre elle et une des facettes de l'esprit français. Beaucoup, en effet, s'accordent à identifier une même caractéristique de cet esprit, au moins tel qu'il apparaissait alors. On y reconnaît une certaine délicatesse souriante et poétique, même dans les sujets à tonalité dramatique. Souvent, il s'agissait non pas de scénarios ordinaires, mais de textes littéraires, dus au talent de dialoguistes tels que J. Prévert, M. Achard, H. Jeanson, M. Pagnol, S. Guitry, notamment. Le savoir-faire et le goût que laisse apparaître cet âge de floraison suscitent l'admiration de beaucoup, et notamment d'Américains cultivés, comme l'atteste, entre autres témoignages, le beau livre d'E. B. Turk *Child of Paradise*, dont le sous-titre est « Marcel Carné and the Golden Age of French Cinema » (1989).

À la lumière de ces faits, on peut comprendre pourquoi, en 1998, le directeur général du Centre national de la cinématographie a suscité les protestations les plus vives (d'Hugues 2004, p. 133) quand, sous la pression des groupes financiers de producteurs avides de conquérir les marchés étrangers, il a déclaré :

> « Qu'est-ce qui, au-delà des textes, fait qu'un film est français ? L'auteur-réalisateur d'abord, puis le producteur, enfin les autres composantes. Les règlements doivent s'adapter. La langue française reste un enjeu, mais sans devenir une condition absolue. »

En réalité, la langue est davantage qu'un pur enjeu, elle est bel et bien une condition absolue. C'est précisément la langue et donc les acteurs la parlant comme un idiome maternel qui, dans le cas des films, constituent le critère d'assignation d'une œuvre artistique à une certaine culture. La nationalité d'un film tient essentiellement à sa langue. Le cinéma français, seul en Europe à s'affirmer vraiment face aux 90 % de part des marchés qu'occupent les huit cents films américains produits chaque année, est défini comme un cinéma en langue française, et non pas seulement comme un cinéma dont l'auteur-réalisateur et le producteur sont français. Cependant, on aime à répéter que l'emploi de la langue française comme valeur culturelle à promouvoir se heurte ici à un redoutable défi. En effet, si les films français trouvent aisément des marchés dans les pays francophones, dont la France elle-même, l'obstacle de la langue leur rend très difficile, assure-t-on, l'accès aux marchés des pays anglophones, qui pourtant, par leur importance démographique, représentent une singulière tentation pour les responsables de l'exportation du cinéma français. Les distributeurs américains, en particulier, n'acceptent pas d'acheter de films étrangers qui ne soient pas tournés en anglais, considérant que leur public n'est accoutumé ni au doublage ni au sous-titrage. Le succès, dans beaucoup de pays, du film réalisé par le metteur en scène L. Besson *The Messenger : The Story of Joan of Arc* semble fournir un argument à cette cause.

Mais s'agit-il encore d'un film français ? On peut en douter. D'autre part, la fermeture des marchés étrangers aux films français n'est pas un phénomène aussi implacable qu'on le fait croire : en 2004, certains films français, comme *Le Fabuleux Destin d'Amélie Poulain* ou *Les Choristes* (Lecherbonnier 2005, p. 200-201), ont été largement vendus à l'étranger, quitte à y être doublés ou sous-titrés. Mais, s'il n'en avait pas été ainsi, peut-on, en tout état de cause, accepter que les seules considérations de rentabilité et de succès commercial dictent la conception et le destin des films ? Il paraît largement préférable que les productions nationales, au risque de réduire leur audience, donnent la priorité à la qualité. Or une condition de cette dernière, quand il s'agit de bons films, est l'usage de la langue nationale, partie intégrante du milieu culturel que reflètent ces films. En 2004 et 2005, deux films européens remarquables ont séduit des publics qu'on ne saurait priver du plaisir du grand cinéma, même si ces publics ne s'identifient pas aux masses compactes qui emplissent les salles où sont projetés des films moins exigeants. L'un, *Saraband*, est en suédois, l'autre, *Le Pont des arts*, est en français.

On imagine les réticences du public, dans les pays où le français règne encore, face à des films dont les thématiques et les réalisateurs sont français, et qui, étant en anglais, lui seraient présentés doublés ou sous-titrés ! Mieux vaut, à tout prendre, des films français produits par des étrangers, mais dont la langue, du moins, n'est pas étrangère, tels que ceux qui furent produits durant la Seconde Guerre mondiale, ainsi qu'on l'a rappelé plus haut. La renonciation au français ne serait pas un facteur d'extension du marché des films français, ce serait tout simplement le prélude à un engloutissement, dans les productions hollywoodiennes, de ce qui reste aujourd'hui un cinéma français, soit le tiers, environ, du marché des films en France, comme le rappelle. L. Besson dans le texte cité ci-dessus. Tout observateur lucide ne peut manquer de relever le rapport de cause à effet entre l'offensive commerciale des firmes anglophones et leur offensive culturelle et linguistique, visible à cent indices, dont un des moindres n'est pas la réduction constante du nombre des films américains dont les titres, quand ils sont donnés en France, sont traduits (d'Hugues 2004, p. 136). Le combat contre le français est une des pièces de la stratégie par laquelle ces firmes entendent anéantir ce qui reste de territoire indépendant dans le cinéma français, comme elles le font depuis longtemps déjà en ayant recours aux trois moyens mentionnés par L. Besson dans le même texte.

Le rappel de la primauté du culturel dans les expériences passées d'unité européenne

Bien que l'idée soit loin d'être nouvelle, il est important d'insister sur le fait que de nombreux pays, conscients de la nécessité de défendre l'autonomie des faits culturels, mènent la lutte contre un schéma de pensée opposé à cette idée, et directement corollaire du libéralisme et de l'idéologie économique du libre-échange, lesquels, précisément, s'expriment en anglais. La philosophie qui sous-tend l'Union européenne est depuis le commencement, c'est-à-dire depuis le traité de Rome (1957) et depuis la Communauté économique européenne, qui tint l'Europe unie sur ses fonts baptismaux, celle d'une unité à l'indice purement économique. Dans la mesure où c'était, qu'on le reconnût ouvertement ou non, le désir de faire front à la puissance américaine qui ralliait les énergies des pays d'Occident, le calque des modèles américains, qui était le produit d'une stratégie classique d'affrontement par le mimétisme, était dès le principe un ferment de l'union européenne.

Or on sait que ce n'était pas là le premier effort de réalisation d'un ensemble solidaire. Des expériences fédératrices furent successivement tentées par l'Empire romain, par celui de Charlemagne dans la seconde moitié du VIIIe et au début du IXe siècle et, à l'époque contemporaine, par la *Mitteleuropa* hitlérienne. Toutes se fondaient sur la domination militaire, avec en outre, dans le troisième cas, une sélection raciste opérée par la violence et le génocide. Au contraire, les expériences les plus authentiques de construction d'une unité européenne ont été, à deux moments au moins, d'abord culturelles, bien que s'appuyant aussi sur une primauté politique et économique. Il se trouve que ces deux moments sont ceux du rayonnement de la langue et de la culture françaises, bien qu'elles ne fussent pas seules à être illustrées par les choix des artistes et des lettrés (voir ci-dessus). C'est pourquoi la France possède en Europe une vocation particulière de défense du culturel, même si les adversaires internes du français n'en sont pas convaincus.

Le lien organique entre langue et culture

Tout ce qui précède établit que défendre une culture, c'est aussi défendre la langue dans laquelle elle s'exprime. De cette solidarité organique entre le culturel et le linguistique, les esprits les plus lucides ont été conscients.

Ce lien se manifeste aujourd'hui dans le fait que le rayonnement de l'anglais est aussi celui d'un des aspects de la culture américaine, qui s'exprime, notamment, à travers l'idéologie libre-échangiste. C'est ce que tentera de faire apparaître le deuxième chapitre du présent livre.

CHAPITRE 2

Les positions de l'anglais dans l'Europe d'aujourd'hui

On étudiera dans ce chapitre les positions de plus en plus fortes que l'anglais occupe dans le monde, fournissant une source constamment exploitée d'emprunts aux autres langues ou se substituant purement et simplement à certaines. Cette situation apparaît sous un éclairage singulier en Europe. La raison principale en est le développement considérable, dans l'Europe contemporaine, de l'économie libérale, dont l'anglais est le support. Ni la Commission de Bruxelles ni les États européens n'ont jusqu'ici réagi d'une façon concertée et efficace à cette situation, dont ils n'ont pas encore sérieusement aperçu les enjeux.

L'axe externe et l'axe interne

Si l'on ne consulte pas d'autres sources d'information que la presse, notamment les journaux de France, la diffusion mondiale de l'anglais dans le monde contemporain, bien que sous des formes assez diverses, apparaît comme un phénomène très vaste et appelé à le devenir plus encore. On verra plus loin que la situation est, en fait, plus complexe que ne pourrait le laisser croire cette présentation. Dans la mesure où le présent ouvrage n'est pas dicté par le souci de frapper l'imagination des lecteurs d'articles de presse par des annonces où les angles s'accusent, je m'efforcerai de présenter des faits un examen sobre, plutôt qu'inspiré par le goût du sensationnel.

Il existe, pour une langue dominante, deux manières différentes d'exercer sa pression sur les autres[1]. La première, qu'on appellera interne, est essentiellement celle qui résulte de l'emprunt : une langue à laquelle divers facteurs, économiques et culturels surtout, assurent une sorte de magistère devient par ce fait même prêteuse de mots, et les autres langues sont donc, vis-à-vis d'elle, emprunteuses. Dans ce domaine, il ne semble pas que la

1. Cette distinction correspond, dans le cas d'une langue particulière, aux deux parties du livre *Le Français et les siècles* (1987), dans lequel j'étudie en détail l'opposition et la complémentarité entre les deux axes externe et interne.

situation ait fondamentalement changé, en ce qui concerne au moins les langues occidentales, par rapport à celle que je décrivais pour le français il y a une vingtaine d'années (Hagège 1987) : si l'on évalue la proportion d'emprunts à l'anglais dans le dictionnaire de ces langues, elle est inférieure à 7 % du vocabulaire. Le français parlé peut être ici pris pour exemple. Examinons, en effet, un recueil (Blanche-Benveniste, Rouget et Sabio 2002) assez représentatif de la diversité des profils d'emprunteurs, lesquels, bien entendu, empruntent à des taux très divers selon leur mode de vie, leur profession, leur âge et d'autres variables. Relevons, dans ce recueil, le pourcentage de mots anglais empruntés tels quels, c'est-à-dire non adaptés aux règles morphologiques du français et modérément adaptés à ses habitudes phonétiques. Le résultat de cette évaluation est que l'anglais ne fournit pas plus de 2,6 % des emprunts. Il est vrai que certains reparaissent fréquemment. Il faut, dès lors, distinguer la fréquence dans le lexique, qui est mesurée par ce chiffre, et la fréquence dans l'usage, qui peut paraître élevée pour peu qu'un même mot, par exemple un terme technique, soit régulièrement employé comme terme de métier dans divers milieux professionnels. Ce qui abuse les observateurs, c'est la confusion entre le nombre de mots anglais apparaissant dans le dictionnaire du français (moins de 7 % comme on vient de le rappeler) et la récurrence dans l'usage, en particulier dans les usages de métiers ou de mode chez certaines parties de la population francophone (un même terme anglais pouvant reparaître cinquante ou soixante fois dans un texte de trois ou quatre pages).

Cela dit, l'augmentation rapide du taux des emprunts de mots récurrents peut tendre à réduire l'écart entre la fréquence dans le lexique et la fréquence dans l'usage. Certes, le phénomène de l'emprunt apparaît comme un facteur constitutif de la vie des langues, laquelle est liée à celle des populations mêmes qui les parlent, et il n'existe pas de langue qui n'ait, à tel ou tel moment, fait des emprunts à d'autres ; cette ouverture à l'emprunt caractérise aussi les langues isolées, qu'elles soient parlées, comme celles du Caucase, dans de hautes vallées enserrées entre des montagnes abruptes, ou bien, comme les langues polynésiennes, sur des îles séparées de leurs voisines les moins lointaines par de vastes étendues maritimes ; et les emprunts répondent à un besoin qu'expliquent la multiplicité des contacts, l'évolution des sociétés et l'adaptation au monde moderne et à ses nouvelles techniques. Pourtant, l'intégrité d'une langue n'est assurée que dans la mesure où les emprunts ne dépassent pas un seuil de tolérance, que l'on peut évaluer à 15 % du lexique.

Un facteur essentiel de dépassement de ce seuil est constitué par l'autre type de présence d'une langue, que l'on appellera externe. Il s'agit du choix préférentiel de la langue dominante dans de nombreuses situations où elle est en concurrence avec d'autres. La présence externe d'une langue exerce une action plus décisive que la présence interne, car il ne s'agit plus, cette fois, d'une pénétration d'emprunts, mais d'une substitution pure et simple. Tel est le cas, par exemple, lorsqu'une entreprise étrangère installée en France ou y possédant une succursale requiert de son personnel l'usage de l'anglais à l'exclusion du français (axe externe), et non pas seulement l'emploi systématique de termes anglais pour désigner diverses réalités techniques du métier qu'elle exerce (axe interne).

Or il se trouve que l'axe interne et l'axe externe, bien que distincts, peuvent en venir, pourtant, à se rejoindre, lorsque la pression d'une langue dominante atteint un niveau très élevé. Ce processus peut conduire, quand le temps l'accroît, à la disparition pure et simple de la langue envahie. Mais il y faut des facteurs de fragilité, en particulier des communautés relativement peu nombreuses et ne coïncidant pas avec une entité politique qui soit définie comme le sont les grands États modernes. Ces facteurs n'existent pas, ou presque pas, dans le cas de pays développés possédant un important secteur industriel, une population nombreuse et une économie dynamique. Mais ces facteurs de fragilité existent dans d'autres cas. Ainsi, l'extinction de très nombreuses langues indiennes d'Amérique du Nord, notamment algonquiennes et iroquoises, et de même la disparition de certaines langues micronésiennes appartenant à des territoires politiquement associés aux États-Unis, ont été les étapes ultimes d'un mouvement par l'effet duquel l'emprunt de mots et de constructions de l'anglais, ne cessant de s'accroître, avait fini par investir totalement ces langues. De même, plusieurs langues tibéto-birmanes du Népal et de nombreuses langues de tribus isolées de Thaïlande, asphyxiées par les emprunts faits, respectivement, au népali et au thaï, sont en voie d'extinction[2]. Une situation comparable est celle des langues d'Australie, exposées depuis la fin du XVIIIe siècle au contact de l'anglais. La plupart de ces langues ont disparu avec leurs derniers locuteurs, toujours les plus âgés, car un signe certain du processus d'obsolescence est justement le défaut de transmission aux nouvelles générations. Les rares langues australiennes qui demeurent encore « en vie » se trouvent dans une situation très précaire, et sont parlées par un nombre de plus en plus restreint d'usagers. Un seul exemple suffira, celui du warlpiri (Territoire du Nord), qui emprunte à l'anglais non seulement des mots renvoyant à des notions ou à des objets originellement étrangers, comme la bicyclette, le camion ou le *lunch*, mais aussi des mots qui ont pour correspondants des objets du fonds autochtone, comme *boomerang* ou *kangaroo*. La situation n'est pas sans amère ironie, si l'on songe que ces deux mots avaient eux-mêmes été empruntés par l'anglais, servant ici de relais, à une autre langue australienne, le guugu-yimidhirr, selon le journal de J. Cook, écrit en 1770 !

---

2. Tous ces cas sont étudiés en détail dans Hagège 2000, chapitre 6.

Lorsqu'une langue est ainsi envahie par l'emprunt, celui-ci finit par s'étendre au-delà du lexique, c'est-à-dire par envahir aussi le noyau dur de la langue : grammaire, et même phonétique. Ce phénomène s'est produit naguère pour de nombreuses langues de l'ex-Union soviétique, sur lesquelles s'est fortement exercée la pression du russe. Pour n'en donner que deux exemples, on peut mentionner le kazakh, en Asie centrale, et le tchouktche, encore en usage à l'extrême nord-est du continent eurasiatique face à l'Alaska, ainsi qu'au nord du Kamtchatka et de la Yakoutie. La voie de pénétration la plus efficace est l'école. Le gouvernement soviétique ne l'ignorait pas, qui, lors de deux conférences tenues à Tachkent, en 1975 et 1979, proposa, successivement, l'enseignement du russe dès le jardin d'enfants et l'emploi du russe comme langue de rédaction des mémoires d'étudiants. Les réactions d'intellectuels et les manifestations de rue, dans les républiques baltes et en Géorgie notamment, firent clairement apparaître la conscience que l'on avait, dans les parties de l'Union autres que la république de Russie, de l'enjeu et de son importance. La promotion du russe, présenté comme la langue d'amitié et de coopération entre les peuples soviétiques, consolidait, en réalité, le rapport de forces entre la Russie et les autres républiques.

Une situation comparable existe-t-elle aujourd'hui pour les langues européennes face à l'anglais ? Avant de répondre à cette question, il est utile d'examiner la situation des langues, dans le monde d'aujourd'hui, à l'indice de la capacité que certaines d'entre elles possèdent de mettre les autres en danger.

Langues abritées et langues exposées

La pression d'une langue soutenue à la fois par une grande puissance politique et économique et par une large diffusion dans le monde est un danger pour toutes les autres. Elle l'est, évidemment, pour celles de petites communautés. Mais ces dernières savent parfois profiter de conditions favorables pour mettre leurs langues à l'abri (Hagège 2000, p. 233-243). C'est le cas, notamment, lorsqu'elles sont solidement structurées, comme certaines tribus des pentes orientales des Andes. C'est également le cas quand elles vivent à l'écart, notamment dans des espaces peu accessibles, comme les hautes montagnes du Pamir ou du Daghestan, ou bien selon un statut de sédentarité ou de cohésion. Ces deux situations préservent les langues contre les influences extérieures, ainsi que contre les risques de dilution induits par les fréquentes nomadisations et par la dispersion, affectant, par exemple, les langues du nord-est de la Sibérie. La vie rurale, à l'écart des grands axes, peut être aussi un facteur de maintien des langues, en particulier quand l'unilinguisme est répandu, comme il apparaît pour diverses tribus arawaks et caraïbes des bassins de l'Amazone, de l'Orénoque et du

Xingu (Brésil du Nord, Guyanes, Venezuela, Colombie du Sud-Est), qui habitent les forêts traversées de petites rivières, à distance de ces trois grands fleuves.

Une forte cohésion familiale et religieuse peut protéger une langue[3] au moins pour quelque temps, même si elle est un îlot d'identité spécifique au milieu de l'océan d'une langue puissante, comme aux États-Unis, où ce fut, jusque dans les années 1910, le cas du norvégien dans le Dakota, le Minnesota, le Wisconsin et quelques autres États (Nebraska, Montana, Oregon, Californie). Tel est

3. Cependant, la complexité et l'enchevêtrement des facteurs peuvent produire un résultat opposé : la préservation d'une langue africaine de la famille nilo-saharienne, le nubien de Haute-Égypte, dans les villages isolés où vivent des communautés attachées à l'islam, est compromise par le renouveau islamiste lui-même, dans la mesure où c'est l'arabe qui, à travers les sermons dans les mosquées et à la télévision, est le vecteur de ce renouveau. En vertu de cette même action réciproque de facteurs contradictoires, caractéristique des faits de sociolinguistique, il arrive aussi que, dans certains cas, ce ne soit pas la vie rurale isolée, mais l'urbanisation, qui serve la promotion des langues. Ainsi, dans l'Union indienne, l'existence de grandes cités constituant des centres de rayonnement d'une langue revêt assez d'importance pour avoir été utilisée comme un des arguments en vue de la création d'États. Ce fut le cas, en 1956, pour l'Andhra Pradesh, regroupement des territoires de langue telugu ; de même, plusieurs États du Nord-Est ont été créés, notamment, d'après le critère des langues dominantes dans les agglomérations, même quand leurs locuteurs ne sont pas nombreux, comme le khasi et le garo dans le Meghalaya, ainsi que le kokborok dans le Tripura (Jacquesson 1996 et 2003).

encore le cas, aujourd'hui, pour l'allemand en Pennsylvanie, Ohio, Illinois, Indiana (Hagège 2000, p. 214-215, 238), en dépit de traces croissantes d'érosion de cette langue en environnement anglophone. Un autre facteur favorable, qui conjure les effets des facteurs négatifs, est la conscience d'une identité ethnique, qui a permis au nivkh de survivre à sa dispersion entre les bords du bas-Amour et les côtes continentale et insulaire (île de Sakhaline) du détroit des Tatars. Est encore un facteur favorable, à défaut d'habitat autochtone, le regroupement en des lieux de ségrégation volontaire renforcée par l'endogamie, comme les quartiers chinois des grandes villes d'Amérique du Nord, d'Asie du Sud-Est ou d'Europe, où le chinois résiste à l'anglais et à d'autres langues. Une soudaine prospérité peut aussi favoriser la sauvegarde d'une langue communautaire. Cela se produit, par exemple, depuis quelques décennies, grâce à l'industrie touristique des sports d'hiver, au nord de l'Italie, aussi bien pour le franco-provençal du Val-d'Aoste que pour les parlers dits « ladins » du rhéto-romanche dans le Tyrol du Sud : les deux cas ont en commun un développement de l'enseignement scolaire, et donc de l'écriture, dans la langue régionale. Cette situation constitue un moteur de renforcement, auquel ne font pas obstacle les langues de grande diffusion parlées par les touristes, puisque leur pression est limitée par le caractère saisonnier des séjours.

Quand les conditions favorables au maintien, comme celles que l'on vient d'illustrer d'exemples, ne sont pas réunies, les langues de petites communautés sont exposées sans défense à la force d'expansion de langues voisines. Mais cela peut concerner même des langues parlées par des groupes humains importants, en particulier si la langue rivale est celle de conquérants. Ainsi, l'akkadien finit par supplanter le sumérien à mesure que l'hégémonie assyrienne réduisait la puissance de Sumer, entre – 2200 et – 2000. Mais l'initiative peut être aussi celle de marchands dynamiques, qui, parcourant avec leurs marchandises des zones étendues et plurilingues, imposent de plus en plus leur langue dans l'usage véhiculaire, et fournissent des cadres et des fonctionnaires qui en répandent davantage encore l'emploi. Tel fut le cas des Araméens. La substitution de leur idiome à l'akkadien, jusque-là langue de civilisation d'un puissant empire, s'amorça à la fin du VIIe siècle avant l'ère chrétienne, et se précipita à partir de la prise de Babylone par l'armée perse de Cyrus le Grand en – 539. En effet, les Perses, au lieu d'imposer leur langue dans les vastes territoires qu'ils avaient conquis, préférèrent profiter de la situation commode créée par la diffusion de l'araméen (Hagège 2000, p. 277-278).

De même que l'akkadien supplanta le sumérien à la faveur de la conquête assyrienne, de même la supériorité militaire et la puissance d'expansion du modèle politique et économique romain finirent par avoir raison de toutes les langues des pays qui furent conquis par Rome. Avant la conquête romaine existaient en Espagne le celtibère, en Gaule le gaulois, en Toscane l'étrusque, sur le rebord oriental de l'Adriatique l'illyrien, en Italie du Sud le messapien, dans la vallée centrale du Danube le pannonien, entre les Carpathes et le Danube le dace, et dans l'extrémité nord-orientale de la Grèce actuelle le thrace. De l'antique existence de ces langues nous n'avons connaissance que par de rares inscriptions, par des gloses dans des textes grecs et par les mentions de noms propres dues aux historiens romains. Submergées par le raz de marée du latin, toutes s'engouffrèrent dans l'oubli.

Les langues européennes autres que l'anglais sont-elles exposées au même risque ? Il convient, pour répondre à cette question, d'examiner la situation de l'anglais en Europe, comparée à ce qu'elle est sur les autres continents, et de rechercher les raisons de cette situation.

Situation actuelle de l'anglais sur les continents autres que l'Europe

L'ANGLAIS EN AMÉRIQUE

Quelle est la situation de l'anglais dans les parties du Nouveau Monde autres que l'Amérique du Nord, son domaine de puissance si l'on excepte le cas particulier et intéressant du Québec ? Il est langue officielle et nationale d'un petit État, le Belize, mais, dans les nombreuses îles des Caraïbes où il sert aussi de langue officielle, les populations parlent surtout des langues créoles, et, plus rarement, indiennes. Quant au reste de l'Amérique latine, on peut dire que, du Mexique à l'extrême sud de l'Argentine et du Chili, le portugais au Brésil et l'espagnol partout ailleurs ont des positions très fortes. Si les élites intellectuelles et économiques de ces pays sont, comme en Europe, tentées par le modèle américain et donc par l'anglais qui en est le support, si l'espagnol et le portugais américains font de nombreux emprunts à l'anglais, il ne semble pas que l'on trouve ici de positions semblables à celles des fonctionnaires de Bruxelles qui souhaitent ou proposent un statut officiel de l'anglais à l'échelle du continent européen.

L'ANGLAIS LANGUE OFFICIELLE DANS CERTAINS PAYS D'ASIE, D'OCÉANIE ET D'AFRIQUE

Pour ce qui est de l'Asie du Sud, de l'Est et du Sud-Est, l'anglais est, certes, en Australie et en Nouvelle-Zélande, langue maternelle de la majorité de la population d'origine européenne, et bien entendu langue officielle, mais il en va différemment ailleurs : l'anglais est « langue officielle auxiliaire » dans l'Union indienne, où il est bien compris des élites et souvent préféré par elles à toute langue nationale de l'Union, mais il est peu répandu dans les masses ; il en est de même en Papouasie-Nouvelle-Guinée, où il est « langue de communication internationale » ; dix millions, environ, des quarante-huit millions d'habitants des Philippines, où il est une des deux langues officielles à côté du tagalog (ou pilipino) le parlent, certes, couramment, mais les autres parlent surtout les diverses langues austronésiennes de ce pays.

L'anglais ne menace pas davantage les langues vernaculaires des communautés vivant dans les nombreuses petites îles où il a le statut de langue officielle, à savoir notamment Salomon, Fidji, Samoa, Tonga, Nauru, Kiribati, Tuvalu et, à l'ouest près de Madagascar, les îles Maurice et Seychelles ; il en est à peu près de même dans les petits territoires où l'anglais partage le statut d'officialité avec d'autres langues de large diffusion, comme le français à Vanuatu et, à Singapour, le mandarin, le malais et le tamoul.

Quant à l'Afrique, la plupart des langues régionales présentes à côté de l'anglais y ont également des statuts bien établis, puisque ce sont celles de la plus grande partie des populations. Il en est ainsi là où l'anglais est réputé langue officielle selon les constitutions, par exemple au Libéria, en Sierra Leone, en Gambie, et de même au Ghana, au Nigéria, en Ouganda, au Kénya, en Zambie, au Zimbabwe, en Swaziland ; et il en est également ainsi là où l'anglais coexiste avec une autre langue officielle : français au Cameroun, cichewa au Malawi, tswana au Botswana, sotho au Lesotho.

Il faut rappeler, cependant, que, sur tous les continents, seules les langues dont les positions sont fortes, des points de vue historique, démographique, économique et politique, ne paraissent pas aujourd'hui menacées par l'expansion de l'anglais. Comme on l'a vu ci-dessus en comparant les langues abritées aux langues exposées, les langues de tribus ou de petites communautés vivant pauvrement sont pour la plupart en situation précaire, et beaucoup sont moribondes, soit parce que l'anglais les domine ou les supplante (langues indiennes d'Amérique du Nord et aborigènes d'Australie), soit parce qu'une autre langue à vocation internationale exerce sur elles une forte pression. Les principaux cas en sont bien connus : l'espagnol et le portugais ont des effets redoutables sur les langues uto-aztèques, maya, arawak, caraïbes, tupi, etc. (Mexique, Amérique centrale et méridionale) ; le russe menace une grande partie des langues toungouses, mongoles et turques de Sibérie méridionale et centrale ; le hindi, le bengali, le tamoul, le marati, le gujrati, le kanara, le telugu, le mayalam, le pendjabi, l'assamais laissent un champ bien restreint aux langues régionales et tribales de l'Union indienne dont ils sont les voisins ; le chinois de Taïwan fragilise les vieilles langues austronésiennes de l'île ; la norme du malais indonésien et celles du javanais, du soundanais, du balinais, du madurais en Indonésie dominent les nombreuses autres langues de l'archipel ; les pidgins urbains se substituent aux langues papoues en Nouvelle-Guinée ; une langue régionale bantoue en pleine expansion, le swahili, menace, en Afrique de l'Est et du Sud, notamment en Tanzanie, les langues tribales. On peut donc considérer que, sur les continents autres que l'Europe, c'est tantôt l'anglais lui-même, tantôt les langues de vieille diffusion régionale ou internationale qui constituent un péril pour les langues minoritaires (Hagège 2000).

La relation spéciale de l'Europe avec l'Amérique du Nord. Aspects linguistiques

L'AMÉRIQUE « PRODUIT DE L'EUROPE »

Le cas de l'Europe est particulier. Étant le berceau de l'émigration blanche en Amérique du Nord, l'Europe entretient nécessairement avec ce continent des relations historiques spéciales. Un fait d'une extrême banalité doit être rappelé et creusé pour comprendre les enjeux : la langue de l'Amérique du Nord est une langue européenne. Certes, elle a fait des emprunts aux langues indiennes (noms d'espèces animales, de pratiques variées, etc.), elle a reçu les marques laissées par les divers usages des Noirs, les calques du yidiche des Juifs de New York. Certes, sa morphologie a été assouplie par toutes sortes de dérivations et compositions. Certes, il existe de très nombreuses particularités spécifiquement américaines du vocabulaire. Mais, en dépit de tout cela, cette langue, sur le nouveau continent, s'est si peu différenciée de son origine, que l'on peut considérer l'anglais britannique et l'anglais des États-Unis, ainsi que celui du Canada, comme des variantes, certes reconnaissables aux oreilles exercées, d'une seule et même langue. Ce phénomène est étonnant. Plus de deux cent vingt ans se sont écoulés, en effet, depuis 1783 (en admettant qu'on prenne pour repère initial le traité de Paris, et non la Déclaration d'indépendance des États-Unis, qui intervient plus tôt encore, en 1776). Inversement, il a fallu beaucoup moins de deux cents ans pour que d'autres séparations entre les locuteurs d'une langue induisent des changements considérables, comme ceux que l'on note dans l'anglais pidginisé de l'île polynésienne de Pitcairn, parlé par les descendants, isolés depuis 1789, des mutinés du *Bounty*, auxquels un processus d'évolution linguistique avait, dès la fin du XIXe siècle, rendu l'anglais d'Angleterre à peu près incompréhensible.

Au contraire, les relations entre la Grande-Bretagne et les nouvelles nations anglophones d'Amérique n'ont jamais cessé d'être étroites, traversant indéfiniment l'Atlantique nord ainsi qu'un lac intérieur, tout comme l'océan ne dressait aucun obstacle entre la France et le Québec, ni, au sud, entre la péninsule Ibérique et l'Amérique, appelée depuis le début « latine » (sans doute parce que les premiers conquistadores et missionnaires espagnols voyaient une forme évoluée du latin dans le castillan, langue que consacrait la Reconquête sur les émirats arabes, ainsi que la puissance croissante des Rois catholiques).

Le résultat de ces circonstances, qui ont tissé des liens si particuliers entre l'Europe occidentale et les colonies d'Amérique, est assez surprenant : si on compare les langues d'Europe occidentale avec le japonais et le coréen moderne, on constate que le taux d'emprunt à l'anglais dans ces langues de la lointaine Asie de l'Est est beaucoup plus important (voir p. 68). Pourtant la probabilité d'une substitution de l'anglais au japonais ou au coréen est beaucoup plus faible qu'elle ne l'est pour ces langues européennes. En effet, le japonais et le coréen sont parlés, quel que soit le taux des emprunts à l'anglais, en tout état de cause bien digérés, par des nations certes en relation économique importante avec les États-Unis, mais qu'aucun rapport de filiation historique ne relie à eux. Au contraire, il n'existe pas seulement une relation historique étroite, avec l'Amérique septentrionale, des pays d'Europe occidentale : la Grande-Bretagne évidemment, mais aussi la France et l'Espagne, longtemps en rivalité pour la domination des territoires non encore devenus une fédération. Car, de surcroît, le programme d'Union européenne associe directement ces pays aux États-Unis, même si l'idée initiale de construire une fédération à la force comparable impliquait une politique d'affranchissement par rapport à leur influence. Cette idée impliquait également une puissance aussi grande que possible, et par conséquent l'intégration, à moyen ou long terme, d'un nombre croissant de pays européens répondant aux critères choisis. Depuis mai 2004, le nombre de langues est passé de onze à vingt. L'adhésion de tous, ou presque tous, ces nouveaux pays à l'Union européenne pourrait entraîner une nouvelle extension du territoire de l'anglais, du fait qu'ils résolvent le plus souvent en sa faveur le faux problème de la nécessité d'une seule langue pour l'Europe.

DIFFÉRENCES ENTRE LES DESTINS EUROPÉEN ET AMÉRICAIN

On pourrait, évidemment, faire valoir que, les premiers Américains, ceux qui ont façonné les traits constitutifs du pays avant les immigrations d'autres communautés, étant des Européens d'origine, il n'y a rien de choquant pour l'Europe à se proposer les États-Unis pour modèle ni à adopter pour langue de l'Union l'anglais, langue européenne. Mais, précisément, l'histoire de chaque continent a pris des visages tout à fait différents. Certes, les habitants dont les ancêtres, dans l'ancienne Louisiane monarchique, étaient venus de France ont toujours lutté pour maintenir l'existence du français, surtout à la suite de l'invasion de l'État, qui avait pris le parti des sudistes, par les armées nordistes, dès 1862 puis après la guerre de Sécession : reflet de cet effort d'affirmation d'une identité, une importante littérature francophone, lyrique, dramatique, romanesque, illustre les époques préromantique et romantique. Mais la littérature franco-louisianaise a commencé de décliner au début du XXe siècle, et beaucoup de familles sont passées à l'anglais. Pourtant, le français n'a jamais disparu de Louisiane ; il a même été, en principe, réintroduit dans les écoles vers la fin des années 1960.

En dépit du cas particulier de la Louisiane, c'est d'Angleterre, d'Irlande, d'Écosse, du pays de Galles, que sont venus non les premiers immigrants, mais ceux qui ont joué le rôle décisif. Et la langue principale de ces territoires était l'anglais, tout comme il est la langue de la Déclaration d'indépendance et celle des fondateurs des États-Unis. En outre, depuis la fin du XIXe siècle, l'histoire des pays d'Europe et celle des États-Unis sont celles de deux entités entre lesquelles se sont, certes, tissés des liens multiples, mais dont les intérêts et les destinées sont différents, et souvent divergents : les États-Unis sont concernés, bien entendu, mais ne le sont qu'indirectement, par les événements qui sont au centre de l'histoire européenne depuis le début du XIXe siècle jusqu'à la Première Guerre mondiale, et qui jalonnent les relations perturbées de la France avec l'Allemagne et l'Italie, les choix britanniques face au reste de l'Europe, l'évolution de l'Espagne, les politiques complexes des trois empires centraux habsbourgeois, tsariste et ottoman entre eux et vis-à-vis de leurs populations, etc. Les États-Unis, quant à eux, ont acquis, du fait de leur destin particulier, une personnalité assez différente de celle de l'Europe. En effet, presque deux cent trente ans d'histoires séparées, et les évolutions originales des nombreuses nations de l'Europe, ont façonné de part et d'autre de l'Atlantique, aux moments décisifs qui jalonnent la fin du XVIIIe, le XIXe et le XXe siècles, deux ensembles, l'un assez homogène, l'autre fort diversifié. Les personnalités politiques, économiques et culturelles de chacun divergent assez pour que leurs visées respectives aient beaucoup moins en commun qu'il ne pourrait paraître.

Un des aspects de cette divergence est que l'homogénéité même que produit l'adaptation générale des immigrants au mode de vie et aux valeurs des États-Unis ne les empêche pas de compter, parmi les composantes de leur population, des communautés non européennes, dont les cultures, très différentes de celles de l'Europe, continuent de façonner des mentalités spécifiques. On rappellera deux traits essentiels : d'une part, l'importance numérique de la communauté noire, devenue, après la fin de l'esclavage, une partie intégrante de la population en dépit des profondes inégalités économiques et sociales et de la permanence des images et des réactions racistes, qui n'empêchent pourtant pas certains membres de cette communauté de partager avec ceux d'autres populations une vision d'eux-mêmes comme autant et plus américains que les Américains d'origine ; et, d'autre part, l'immigration massive d'autres communautés, plus attachées à leurs traditions bien que très conscientes d'être américaines, et parmi elles les communautés asiatiques, notamment chinoise et japonaise. Ainsi, en dépit de l'origine européenne des premiers Américains, les deux mondes sont moins semblables qu'il ne paraît, et il n'y a pas de nécessité d'une américanisation totale de l'Europe, ni du choix de l'anglais comme langue de l'Europe.

On peut ajouter que la politique traditionnelle de la Grande-Bretagne a été orientée vers l'Atlantique, États-Unis et Canada, plus que vers l'Europe, et que certains actes politiques de naguère, comme l'opposition du général de Gaulle à l'entrée de la Grande-Bretagne dans le Marché commun au début des années 1960, s'expliquaient par la prise en considération de ce fait. Certes, la situation a changé depuis, et il n'est pas douteux qu'il y ait parmi les Britanniques, aussi bien au sommet de l'État que dans la population, un grand nombre d'Européens convaincus. Pourtant la tradition atlantiste est une réalité forte, et cela rend étonnant, en soi, le choix de l'anglais comme langue de travail de l'Europe.

Telles sont les raisons qui peuvent susciter quelques doutes quant à la vocation européenne de l'anglais. On va voir, cependant, ci-dessous que l'anglais est omniprésent dans les institutions européennes d'aujourd'hui, et que cette omniprésence pourrait produire, sur des esprits non prévenus ou soumis aux faits sans réflexion, une impression d'évidence.

Puissance des positions de l'anglais dans l'Europe contemporaine

LES ASSISES LIBÉRALES DE L'ANGLAIS

L'idéologie libérale, c'est-à-dire, sur le plan de l'échange des marchandises, l'idée selon laquelle leur circulation doit être assurée sans aucune entrave, a, certes, trouvé des échos en France au XVIIIe siècle, notamment chez certains physiocrates. Cependant, pour l'essentiel, elle reflète une philosophie typique du monde anglo-américain. En effet, elle est l'héritière de la notion de libre-échange, qui a dominé la conception anglaise des relations humaines et commerciales au moins depuis le livre principal d'A. Smith (1776), inspiré, notamment, par celui de son ami D. Hume (1740), l'un et l'autre ayant eux-mêmes inspiré les ouvrages qui, plus tard, fonderont explicitement la doctrine, ceux de D. Ricardo (1817) et de J. S. Mill (1848). Ainsi, une solidarité naturelle unit l'idéologie libre-échangiste et la langue anglaise.

LES ACTIONS EN FAVEUR DE L'ANGLAIS

La position dominante de l'anglais dans les organes de l'Union européenne ne résulte pas seulement d'un choix spontané des responsables politiques et des milieux d'affaires. Elle est soutenue par une action précise des pays anglophones. À vrai dire, la voie avait été tracée depuis longtemps par la politique conduite en faveur d'autres langues européennes. Ainsi, dans le texte fameux où, en préface à sa *Gramatica castellana*, A. de Nebrija écrivait, en 1492, que « la langue a toujours été l'épouse de l'Empire et restera à jamais sa compagne », ce même auteur ajoutait que la langue est « un outil de conquête à l'étranger » ; cela est clairement confirmé par la situation linguistique actuelle de l'Amérique du Sud, où, si l'on excepte des langues tribales bien conservées dans diverses zones reculées du sud du Mexique, de l'Amérique centrale, de la Colombie (et des pays voisins) ou du Brésil, seuls le guarani au Paraguay, le quetchua et l'aymara dans les pays andins et, au Mexique, le nahuatl (aztèque) et certaines langues maya sont encore à peu près valides en dépit de la pression de l'espagnol. La colonisation française, quant à elle, celle de l'Afrique subsaharienne en particulier sous la IIIe République, s'est toujours préoccupée de former des interprètes et des cadres fidèles à la métropole. En fait, elle avait été précédée par des entreprises anglaises de grande ampleur, comme celle que reflète la déclaration de 1835, où T. B. Macaulay prônait la création d'une « classe d'individus indiens de sang et de couleur, mais anglais par leurs goûts, leurs opinions, leurs valeurs et leur intellect » (Phillipson 2005, p. 160). La fondation du British Council en 1935, dans le contexte de la montée des fascismes en Allemagne et en Italie, fut dès le principe une entreprise de défense des intérêts anglais par la mise en place d'une infrastructure universitaire dont l'outil était la langue anglaise. Son rapport de 1960 définissait en ces termes la mission qui lui était assignée :

> « L'enseignement de l'anglais au reste du monde peut être considéré comme une extension de la tâche à laquelle l'Amérique a fait face en établissant l'anglais comme langue nationale commune au sein de sa propre population d'immigrés. »

De concert avec les organes publics et les fondations privées américaines, le British Council, ouvrant des bibliothèques et des bureaux dans le monde entier, a favorisé, depuis le début des années 1960, une profusion de revues, conférences, associations professionnelles, toutes de langue anglaise. Néanmoins, dans certains domaines, on pouvait penser, il y a quelques décennies, que les autres langues à vocation internationale n'étaient pas oubliées. Un exemple en est donné par les positions qui semblaient être, naguère, celles de la Fondation Ford. Certes, celle-ci a inspiré et financé le développement de la sociolinguistique et de la linguistique appliquée dans les universités, et l'a fait pour une raison explicite : l'une et l'autre servaient l'anglais, et donc le commerce en cette langue, alors précisément que s'ouvraient les marchés des pays décolonisés, occupés par la promotion de langues officielles, symboles essentiels de leur identité, ce qui est un des plus importants parmi les sujets mêmes traités par ces deux disciplines, politiquement et économiquement sensibles. Cependant, l'anglais n'était pas seul à être envisagé, puisqu'un représentant de cette Fondation écrivait il y a trente ans (Fox 1975, p. 37) :

> « Le Centre de linguistique appliquée, avec le soutien de la Fondation Ford, et en coopération avec le British Council et l'organisme qui s'appelait alors le Bureau d'étude et de liaison pour l'enseignement du français dans le monde, [...] a mis au point le modèle de collaboration sur les problèmes linguistiques des pays en voie de développement. »

Une telle collaboration, qui pouvait paraître naturelle à une époque où l'anglais n'occupait pas encore à lui seul un nombre considérable de terrains, n'est plus aujourd'hui proposée au français, il va de soi. On peut douter des dispositions qui semblaient se faire jour dans ce texte, lorsque l'on sait que, quatorze ans plus tôt, un document confidentiel américain destiné au British Council, l'*Anglo-American Conference Report* (1961), précisait qu'il importait que l'anglais devînt « la langue dominante » et imposât « une autre vision du monde ». Un des moyens pour cela était que les participants anglophones aux réunions internationales fussent explicitement opposés à l'emploi d'autres langues. L'état d'esprit reflété par ce projet n'a cessé de se renforcer dans les milieux politiques anglophones durant toute la seconde moitié du XXe siècle. Il a connu une recrudescence quand a commencé de s'accréditer l'idée d'une candidature de certains pays d'Europe centrale à l'Union européenne : dès le début des années 1990, et comme en écho immédiat, l'aide américaine à ces pays s'est assortie de l'envoi massif de programmes de télévision en anglais, ainsi que d'enseignants, et de directives sur l'emploi préférentiel de l'anglais. Selon un témoin (Phillipson 2004, p. 88), l'ambassadeur des États-Unis au Danemark (certes issu du monde de l'entreprise) dit ouvertement lors d'un déjeuner à l'Université de Roskilde :

> « Le plus grave problème de l'Union européenne est qu'elle a tant de langues différentes, ce qui empêche toute réelle intégration et tout développement de l'Union. »

En 1998, une thèse de doctorat en droit international soutenue aux États-Unis (Feld 1998), voyant dans les mesures de protection du français des violations du traité de Maastricht car elles s'opposent à la libre circulation des marchandises, des services et du capital, suggère que l'Union édicte une langue commune, l'anglais, pour le marché européen ; sont produits, à l'appui, des arguments qui prennent en compte d'autres intérêts que celui des consommateurs : économie de temps, de textes et d'obstacles, efficacité technique et commerciale. Rien n'empêcherait des avocats d'affaires de contester devant la Cour de justice des Communautés européennes la validité des mesures prises par les gouvernements en faveur des langues européennes, et d'obtenir des résultats qui renforceraient encore la domination de l'anglais.

Celle-ci est encouragée, en outre, par une bonne partie de la presse anglophone. L'auteur d'un article publié dans la revue *Fortune* en septembre 2000 soulignait que l'anglais avait été la langue de délibération des ministres des Finances européens lors de leur réunion à Francfort, tenue afin de déterminer les taux d'intérêt de l'« Euroland ». Dans un autre article, publié par le *Guardian* en mars 2002 à l'occasion de nouvelles admissions dans l'Europe, on peut lire, en signe d'hostilité ouvertement déclarée à d'autres choix que celui de l'anglais :

> « La langue française connaît son Waterloo. L'élargissement de l'Union européenne est une bonne nouvelle pour l'anglais, confirmant sa victoire sur le français comme moyen classique d'intégration européenne. »

Selon la même inspiration, un conseiller du Premier ministre britannique actuel a récemment publié une étude (Grant 2002) où il se déclare convaincu qu'après l'adhésion de nouveaux membres dans l'Union européenne, l'anglais devrait devenir vers 2005 la langue unique de travail et de communication de toutes ses institutions.

Attitudes adoptées vis-à-vis de l'anglais dans le monde européen de l'entreprise et à la Commission de Bruxelles

LE MONDE FRANÇAIS DE L'ENTREPRISE ET L'ANGLAIS

La plupart des chefs d'entreprise français, qui n'ignorent pas la tradition française de promotion de la langue identifiée à l'autorité de l'État, ne sont pas plus soucieux du français que leurs homologues des autres pays européens. Deux exemples suffiront pour illustrer cette dérive. Le président d'un grand groupe tranchait il y a quelques années : « Je ne veux même pas voir un candidat à un emploi dans mon entreprise qui ne saurait pas l'anglais. » Ainsi, ce n'est plus la compétence professionnelle seule qui décide du recrutement, comme il serait de bon sens, mais bien le fait de connaître l'anglais. Un autre président de grand groupe déclarait, quant à lui : « Pas une note ne sort de mon bureau en français. » Le niveau de connaissance de l'anglais chez tout candidat à un emploi dans une entreprise est contrôlé par une épreuve que consacre une caution internationale, le « Test of English as a Foreign Language », ce qui disqualifie des candidats compétents mais à l'anglais insuffisant. On sait, d'autre part, que les conseils d'administration de la plupart des grands groupes français se tiennent en anglais, et que c'est en anglais que sont rédigés les documents relatifs aux sessions d'entreprise, les comptes rendus et instructions de service internes, les rapports sur les résultats techniques et performances financières, les correspondances entre firmes françaises, etc. L'anglais est régulièrement utilisé par le personnel d'exécution, même lorsque celui-ci n'est pas en contact avec une clientèle internationale.

Comment expliquer cette situation ? Il semble que, par l'effet d'un paradoxe, ce soit le désir même d'améliorer la position de la France dans le concert des nations industrielles qui conduise ces chefs d'entreprises à cultiver l'anglais, non en soi, mais comme langue dominante dont on entend imiter les usagers. La vocation de la France, précisément parce qu'elle fait partie des pays riches, serait donc, si l'on est affecté de ce regard scotomisé, de renoncer au français, non par une hostilité interne dont on ne verrait pas les raisons, mais parce que c'est une autre langue qui symbolise aujourd'hui la puissance. Le complexe de la France grande puissance donne ainsi l'illusion qu'il faut généraliser la langue qui est aujourd'hui celle de la puissance ! Il est intéressant de souligner que, parmi les pays riches qui sont en vive concurrence pour la conquête des marchés, on ne trouve pas toujours la même attitude. Les exemples du japonais et du coréen l'attestent. Les vocabulaires de ces langues sont envahis d'innombrables emprunts à l'anglais, celui des verbes, en particulier, qui utilise le japonais *suru* et le coréen *ha*, tous deux signifiant « faire », en plaçant juste avant eux un nom anglais naturalisé par ce biais. Pourtant, l'État et les industriels au Japon comme en Corée du Sud (pour ne rien dire de la Corée du Nord !) demeurent, ainsi que peut le noter tout observateur, très attachés aux langues locales, comme l'est aussi la Chine, où la volonté de domination économique n'induit nullement une volonté de passage à l'anglais, seulement enseigné comme première langue étrangère à des fins de communication avec le monde extérieur.

Les dimensions considérables récemment prises par le phénomène d'anglicisation des échanges dans le monde français de l'entreprise sont analysées par un rapport de C. Tasca, qui fut chargée au début des années 1990 du ministère de la Francophonie. Elle constate que les chefs d'entreprise ne font que se conformer ici au modèle que les détenteurs de la plus haute autorité politique donnent eux-mêmes, ainsi qu'on va le voir.

LA FRANCE OFFICIELLE ET L'ANGLAIS

En effet, divers autres signes laissent apparaître que la France officielle n'a plus qu'à peine, en comparaison de ce qui se faisait autrefois, le souci de promouvoir sa langue, et qu'elle demeure donc aveugle aux risques que contiennent les percées continues de l'anglais. Un signe, particulièrement révélateur, mérite d'être mentionné. Le Conseil constitutionnel, consulté en 2001 sur la langue à utiliser dans certaines opérations boursières, a validé en décembre de cette même année la dispense d'information intégrale en français, seul un résumé français étant nécessaire lors de l'émission d'emprunts obligataires, d'instruments financiers avec appel public à l'épargne, ou d'informations en cas d'opérations sur le nouveau marché. Par là, le Conseil constitutionnel s'est opposé, phénomène rare, au Conseil d'État, dont l'attitude était beaucoup plus réservée. Cela implique qu'en cas de contestation ou de litige, l'investisseur devra faire procéder, à ses frais, à une traduction, alors même que l'affaire se déroule sur le territoire français. La justification produite par le Conseil constitutionnel pour légitimer ce projet invoque l'existence des « engagements communautaires de la France et des pratiques ayant cours au sein des marchés ».

Cela signifie (Favre d'Echallens 2004) que l'application de l'article 11, souvent invoqué depuis deux cent seize ans, de la Déclaration des droits de l'homme et du citoyen du 26 août 1789, aux termes duquel « tout citoyen peut parler, écrire, imprimer librement », est littéralement subordonnée aux engagements communautaires et aux pratiques des marchés. Dès lors, le citoyen francophone désireux d'employer la langue qu'il connaît le mieux, à savoir la sienne, devient un exilé du monde financier, et se trouve ravalé au rang d'investisseur de seconde zone par rapport aux locuteurs de l'anglais. Bien entendu, cette démission des gardiens de la constitutionnalité des lois s'est donné de bons prétextes, en particulier le fait que plus de 40 % des investisseurs sont étrangers (pas nécessairement tous anglophones, pourrait-on cependant rappeler), et qu'il convient de ne pas pénaliser la Bourse de Paris. Pénaliser la langue française, en revanche, voilà qui n'est pas de nature à faire perdre le sommeil. L'imposture n'a pas échappé à certains organes de presse. Ainsi, dans un article de C. Jakubyszyn intitulé « La langue du vainqueur », et publié par le journal *Le Monde* des 6-7 mai 2001, on peut lire le passage suivant :

« L'histoire des nations prouve que le vainqueur assoit définitivement sa domination lorsque le vaincu finit par adopter sa langue. Si l'on se fie à ce constat, la victoire du capitalisme anglo-saxon triomphant est proche. Au détour d'un banal article du projet de loi portant sur les mesures d'urgence à caractère économique et financier (Murcef) [...] les députés ont baissé la garde devant l'impérialisme de l'anglais. »

Il n'est pas jusqu'aux représentants de la France à l'étranger qui ne cèdent à cette tentation de renoncement. Ainsi, on peut voir, non sans stupeur, des diplomates et leurs services culturels, dont la mission est notamment, en principe, d'assurer le renom des valeurs françaises dans les lieux où ils exercent leur mission, agir comme s'ils voyaient dans la domination de l'anglais un phénomène fatal, et, lors même qu'ils ont une politique active d'illustration de la langue et de la culture françaises auprès des étudiants et des autres, utiliser l'anglais dans leurs rapports avec les autochtones, et notamment leur personnel de recrutement local.

LA COLLUSION FORTUITE ENTRE DEUX ADVERSAIRES INTÉRIEURS DU FRANÇAIS

Il se trouve que les coups de boutoir assénés au français par ses adversaires internes les plus redoutables sont le fait de deux groupes qui détiennent chacun une forme de puissance et qui n'avaient, initialement, aucun motif de conclure une alliance, même si c'est bien ce que donne à voir la situation objective. L'un de ces groupes est celui des grands industriels, qui détiennent la puissance économique, l'autre est celui des idéologues masochistes d'horizons divers, qui s'efforcent d'apaiser leur conscience tourmentée par des épisodes passés où le français leur semble avoir été la caution de l'inacceptable. Tous veulent installer le règne de l'anglais en France, les premiers parce qu'ils y voient le moyen de l'efficacité marchande, les seconds parce qu'ils ne jugent pas digne d'être promue cette langue française qui fut associée au pouvoir royal autocratique, à la traite des esclaves noirs et à la colonisation.

Auquel d'entre eux l'idée d'évidence s'imposera-t-elle, que les plus grandes violences et les pires abus ne furent pas seulement commis en français, mais aussi dans d'autres langues impériales et colonisatrices, et que cela n'empêche pas l'anglais, aujourd'hui, de se répandre dans tout l'univers ? Ou faudrait-il fournir une savante démonstration, appuyée sur de pesants arguments, pour prouver un fait d'observation commune ? Une langue est un mécanisme à produire des discours, et si certains des discours qui l'ont prise pour véhicule viennent un jour, les idéologies se transformant, à paraître odieux, cela ne saurait en aucune façon avoir la moindre incidence sur le visage de cette langue ni le rendre lui-même odieux.

LE MONDE EUROPÉEN DE L'ENTREPRISE FACE À L'ANGLAIS, ET LE PRÉCIEUX CONCOURS DES MÉDIAS ET DU SNOBISME

En fait, les patrons français ne font que s'aligner ici sur la pratique des autres pays d'Europe occidentale, en particulier l'Allemagne. Le monde européen de l'entreprise, en effet, voit dans l'Europe un territoire naturel de l'anglais. La table ronde des industriels européens, où sont réunis les présidents de quarante-six des plus grandes sociétés du continent, a obtenu que tous les documents des États, essentiellement d'Europe centrale et orientale, candidats à l'intégration dans l'Union européenne, soient rédigés exclusivement en anglais.

Partout dans le monde, l'anglais est en position de force au sein des groupes industriels à l'activité internationale importante et aux implantations nombreuses et répandues à travers les continents. Les alliances et fusions entre groupes galvanisent encore le dynamisme de l'anglais. La puissance de cette langue s'accroît, notamment, d'un fait : les banques et les cabinets-conseils auxquels font appel les entreprises négociant une alliance sont en majorité américains, de même que les juristes, dont le poids ne cesse de s'accroître dans le fonctionnement des entreprises, sans parler, évidemment, de la présence massive de l'anglais dans les dépôts de données et dans les logiciels qu'utilisent les industriels.

Mais les milieux d'affaires ne sont pas les seuls organes de transmission de l'hégémonie de l'anglais. Celle-ci est favorisée, d'abord, par une série d'actions commerciales et publicitaires savamment orchestrées, et dont l'inspiration remonte assez haut dans la hiérarchie du monde des affaires. D'autre part, de nombreux relais très influents qui appartiennent au monde des médias ont joué le même rôle en faveur de la diffusion de l'anglais en Europe et dans le reste du monde, non plus seulement par le biais des techniques commerciales et industrielles s'exprimant dans cette langue, mais par celui de la mode. Contrairement à l'impression naïve d'une partie du public, ce ne sont pas les contenus intrinsèques des films, des chansons, de la musique rock anglophone, ni le profil propre des articles de sport ou de vêtement qui ont séduit la clientèle, laquelle ignorait tout de cet univers avant qu'une intense et efficace publicité n'en assurât la promotion, en Europe notamment. Cette pression tire sa force non d'un plébiscite populaire, mais du fait que, non contents d'avoir imposé leurs produits, les producteurs sont, dans une certaine mesure, parvenus à donner aux consommateurs, en particulier les plus crédules, issus des dernières générations, l'illusion que le dynamisme, la liberté, l'ouverture à l'autre, la haute technique, sont associés à l'anglais, d'où le déferlement de termes de cette langue qui sont les supports des talismans dont on s'éprend.

Le goût de ce qui se dit en anglais n'est donc pas l'effet d'une recherche pour enrichir le vocabulaire des langues européennes ou asiatiques par l'accueil de mots aux nuances plus fines ou aux contenus plus neufs. Il s'agit simplement d'être « moderne ». Ainsi, *bag*, *break*, *panel* apparaissent plus séduisants que *sac*, *pause* et *atelier de débat*, pour ne prendre que trois exemples. En observant les masses de consommateurs étourdis par ce qui brille et qui est présenté comme un dernier cri, on en vient à conclure que la quête de la nouveauté, et du prestige qui s'y attache, n'est qu'une des facettes d'un comportement ridicule, dont il faudrait qu'un Molière moderne fît la satire, et qui se nomme le snobisme. Une attitude de snobisme implique que l'on déprécie, ou récuse, les valeurs dans lesquelles on a été formé, puisqu'on juge que celles par lesquelles on est attiré leur sont supérieures, ou sont plus désirables, plus flatteuses et moins désuètes.

De même, dans le monde européen de l'entreprise, si l'anglais a pris une place prépondérante comme langue de travail, ce n'est pas à la suite d'une analyse argumentée des vertus internes qu'il posséderait, de par ses structures, pour rendre ces entreprises plus compétitives. La raison en est plutôt que les industriels, jouets des forces de pression dont on vient de faire état et de la fascination face au triomphe universel du modèle américain de capitalisme, ont tout emprunté à ce modèle, c'est-à-dire non seulement ses modes de gestion, ses techniques de conquête des marchés, ses méthodes d'assignation de tâches aux personnels, mais aussi sa langue. Cette conduite de mimésis, observable chez les Européens éblouis par la puissance du monde des anglophones de naissance, est aussi la manifestation extérieure d'une pulsion d'identification à ces derniers, dont on choisit d'arborer tous les attributs et accessoires qui sont susceptibles d'être empruntés.

LA COMMISSION DE BRUXELLES ET L'ANGLAIS. LE « COÛT » DES TRADUCTIONS, L'AFFAIRE DES BREVETS ET L'HOSTILITÉ NÉO-LIBÉRALE À LA DIVERSITÉ LINGUISTIQUE

Bien qu'aucun texte ne favorise explicitement l'anglais ni ne le recommande à l'exclusion d'autres langues, la Commission de Bruxelles, soumise à l'influence permanente des milieux d'affaires, exerce à son tour une pression, accentuée d'année en année, sur les gouvernements des États membres, afin qu'ils prennent des dispositions dont le but dernier est la généralisation de l'anglais. Ce mouvement s'est accentué depuis l'entrée de la Grande-Bretagne dans l'Union européenne, qui a donné à cette langue une place de plus en plus importante, en violation des dispositions qui attribuaient au français une place égale à la sienne. Un des arguments bien connus qu'on invoque le plus souvent est celui du coût des traductions. Or les services de traduction et d'interprétation, si l'on en évalue le coût global, représentaient, en 2004, 0,8 % du budget administratif total de l'Union européenne, ce qui signifie deux euros par an et par citoyen européen, soit un montant très bas si on le compare avec celui des subventions consenties à l'agriculture (Phillipson 2004,

p. 91). Qu'il s'agisse ici d'un faux-semblant et qu'en réalité la Commission se saisisse de tout prétexte pour imposer l'anglais, c'est ce que montre son refus de réagir aux demandes formulées en faveur de la diversité linguistique. Pour ne prendre que deux exemples, aucune réponse n'a été donnée par la Convention sur l'avenir de l'Europe, qui dépend de la Commission, ni aux suggestions d'associations françaises et allemandes sur la nécessité d'examiner sérieusement le cas des autres langues, composantes essentielles de la culture et de l'identité des peuples, ni aux propositions de divers groupes tendant à renforcer par des politiques actives la diversité des langues en Europe (Phillipson, *ibid.*).

Les économies que la Commission prétend faire sur les traductions en imposant l'anglais ressemblent, n'étant elles aussi que des prétextes, à celles que réclament les industriels anglophones à propos des brevets, auxquels la presse a fait un large écho. Les brevets d'inventeurs peuvent être déposés en allemand, en anglais ou en français. Ce système fonctionnait bien depuis 1972, date de l'installation, à Munich, de l'Office européen des brevets, étant entendu que le fascicule de présentation doit être traduit dans la langue de tout pays où l'invention est protégée, et que cette traduction doit être assurée par ceux qui sollicitent un dépôt, susceptible d'être opposé à une contrefaçon ou à une invention ultérieure. Cependant, l'American Intellectual Property Law Association multiplie depuis plusieurs années les demandes d'adoption de l'anglais comme seule langue des brevets, afin d'épargner aux inventeurs anglophones les frais de traduction dans les langues européennes.

Or on sait (Lecherbonnier 2005, p. 46) que la traduction des brevets ne représente que 20 % du coût total, alors que 35 % sont absorbés par les rémunérations des agents-ingénieurs, et 15 % par les taxes diverses (frais de dossier, d'examen, de délivrance et de renouvellement). Les 30 % restants sont absorbés par les honoraires des avocats et conseils spécialisés qui défendent la propriété intellectuelle, arme capitale dans la concurrence mondiale. Ils le font, notamment, en vérifiant qu'une autre entreprise n'est pas en train de violer le brevet de leur client, ou d'être elle-même victime d'une violation commise par ce dernier, auquel il convient donc d'adresser une mise en garde. Les avocats ont aussi pour charge de couvrir, en faisant largement connaître et respecter les barrières juridiques, le risque que prend leur client, en déposant un brevet, de fournir à ses concurrents des indications précieuses, du fait même qu'il donne, dans le texte du brevet, une description détaillée de son invention.

En comparaison avec les 30 % de frais d'avocat ainsi détaillés, il apparaît clairement que les 20 % de coût des traductions des brevets sont loin d'être une charge aussi lourde qu'on le prétend. En dépit de ce fait, la France a signé en juin 2001 l'accord de Londres, qui accède dans une large mesure à la demande de faire de l'anglais la langue unique des brevets. Des pays tels que l'Espagne, le Portugal, l'Italie, la Grèce, la Finlande, qui sont pourtant loin de posséder comme la France une tradition de défense et illustration de la langue nationale, ont néanmoins aperçu le piège redoutable que masquaient des attendus lénifiants. Ces pays ont donc refusé d'accorder à toute entreprise de pays anglophone cet encouragement à une invasion de leurs marchés encore plus forte que celle dont ils sont les cibles depuis la fin de la Seconde Guerre mondiale. Bien que de nombreux parlementaires français et allemands, soutenus, en outre, par la solidarité d'autres parlementaires appartenant aux pays de la francophonie, soient parvenus, jusqu'ici, à empêcher la ratification de cet accord par le gouvernement de Paris, on peut prévoir que les demandeurs ne relâcheront pas leur pression. Ils continueront d'être relayés, en France, par le patronat, dont l'organe le plus haut milite en faveur de cette « harmonisation » des brevets au bénéfice de l'anglais. Le patronat français défend ainsi, étrangement, les entreprises anglophones, au lieu de s'efforcer d'améliorer la position de la France, qui n'atteint que le sixième rang en nombre de brevets déposés, derrière la Suisse, la Finlande, les États-Unis, le Japon et l'Allemagne (Kahn 2005). Il pourrait donc arriver, à moyenne ou brève échéance, que le domaine de préséance des langues européennes soit rogné, dans les pays mêmes où elles sont langues nationales, afin de… permettre aux industriels anglophones de faire des économies, lesquelles, de surcroît, sont modestes !

Par ailleurs, la Commission de Bruxelles recommande aux États membres de prendre toutes dispositions qui soient de nature à lever les obstacles au développement du marché intérieur des services, et à permettre ainsi la libre circulation de la main-d'œuvre des entreprises appelées à intervenir en se déplaçant de leur territoire à celui d'un État membre où les appelle une entreprise utilisatrice. Parmi ces obstacles à lever, certains seraient linguistiques, si l'on en croit un projet de communication au Parlement et au Conseil, qui, en mai 2002, recommandait la généralisation de l'emploi, et donc de l'enseignement, de l'anglais dans toutes les entreprises de l'Union. Ce projet est demeuré sans suite (Priestley 2004, p. 172), mais il y a tout lieu de penser que la Commission, loin d'abandonner la partie, lancera de nouvelles offensives. Car elle s'en prend sans hésitation aux politiques nationales soutenant les langues européennes, comme l'a clairement montré la mise en demeure envoyée en juillet 2002 au gouvernement de Paris, et selon laquelle l'exigence d'étiquetage des produits alimentaires en français, conforme à la loi Toubon d'août 1994, est contraire aux textes européens. Pourtant, cette loi est loin de fournir les moyens d'une véritable promotion du français en France même, puisque, par exemple, sans que les instances bruxelloises, autant que l'on sache, aient eu à intervenir, le Conseil constitutionnel français a déjà singulièrement réduit la portée du texte initial (voir p. 192-195).

Les avis et les arrêts de la Cour de justice des Communautés européennes et du Tribunal de première instance doivent être rendus en français, du fait que c'est là, dans le système juridictionnel communautaire, la langue des délibérations et de la procédure[4]. Or, dans ce domaine, la cour adopte la même politique que la Commission : d'une façon quasi systématique, elle favorise les directives à finalité économique, au détriment des résolutions à finalité culturelle. Il est facile de voir qu'il s'agit d'un procédé destiné, indirectement, à servir l'anglais, puisque cette langue est le support d'un discours libéral caractérisé par son hostilité à toute autonomie du domaine culturel.

On connaît la politique récente d'assouplissement qu'ont adoptée, à l'égard des langues régionales et minoritaires, les autorités françaises, en renonçant à la promotion exclusive du français national, et au bannissement des langues régionales, tels que les consacrait une attitude érigée, par les choix de la monarchie et plus encore par ceux de la république jacobine, en une tradition séculaire (voir chapitre 4). Or il n'est pas jusqu'à cette nouvelle politique française d'assouplissement qui ne soit retournée contre le français et contre d'autres grandes

4. On notera que diverses personnalités européennes ont signé, à la fin de l'année 2004, un manifeste demandant que le français soit la langue européenne du droit. On trouve parmi ces personnalités B. Geremek, ancien ministre des Affaires étrangères de Pologne, F. Mayor, ancien directeur général de l'Unesco, A. Nastase, ancien Premier ministre de Roumanie, M. Soares, ancien président du Portugal, et beaucoup d'autres.

langues européennes, dont l'allemand et l'italien, par les milieux fédéralistes favorables à une Europe des régions. On sait bien que les langues minoritaires sont moins encore que les langues nationales en état de faire face à la domination de l'anglais. C'est, par conséquent, ce dernier qui, de nouveau, est le bénéficiaire des entreprises fédéralistes, au détriment du français en particulier.

Enfin, la sphère d'emploi du français est la cible d'une action de Bruxelles dans un autre débat, celui des relations entre la France comme ancienne métropole et ses partenaires, surtout africains. La Commission s'efforce, en effet, d'obtenir que les crédits bilatéraux d'aide au développement soient transférés aux instances européennes. Qu'une telle entreprise ait pour résultat l'imposition de l'anglais, y compris aux partenaires non anglophones, c'est ce qui est apparu clairement lors des accords de Lomé.

Toutes ces actions concertées des fonctionnaires européens ont pour objet, en dernier ressort, d'imposer l'anglais dans l'usage public, c'est-à-dire de réduire les langues nationales de l'Union européenne à un emploi purement privé. Il ne s'agit pas ici d'intentions non déclarées : une fonctionnaire possédant le titre de commissaire européen a explicitement engagé une action dans cette direction, en commençant par recommander que son pays, la Grèce, adopte l'anglais pour seconde langue officielle. Cette suggestion, si elle était suivie d'effet, introduirait l'anglais, en Grèce, à parité avec la langue héritière de celle dans laquelle se sont exprimés, depuis l'Antiquité, les fondements de la culture européenne…

Cette présence forte de l'anglais, en Europe, apparaît aussi comme le résultat d'avancées importantes dans le monde de l'information. Car l'idéologie dont une langue est le support est un ensemble d'informations. Si ces dernières ne sont pas équilibrées par d'autres, issues des pays occupés par ces schémas de pensée importés, et si les pouvoirs politiques desdits pays ne s'efforcent pas de répandre puissamment leurs propres schémas de pensée, alors le sort de la guerre de l'information peut devenir favorable à la langue du pays le plus offensif. C'est ce qui pourrait accroître encore l'hégémonie de l'anglais dans le monde.

De quel anglais s'agit-il ?

Les adversaires bien intentionnés de la diffusion mondiale de l'anglais font volontiers valoir, comme pour rassurer, et se rassurer, en minimisant l'importance du défi, qu'il ne s'agit, en fait, que d'un anglais simplifié, d'un « sabir » de fortune au vocabulaire pauvre. Cet optimisme paralysant ne possède aucun fondement sérieux. Certes, la langue de communication internationale est, pour ce qui est de son usage parlé, une version relativement dépouillée de l'anglais, c'est-à-dire une langue d'usage commode, sans prétention littéraire, dont la destination purement fonctionnelle conditionne l'efficacité, à travers le monde, dans l'échange verbal quotidien entre individus ou entre groupes dont chacun parle une langue opaque à l'autre. Mais un grand nombre de ceux qui se servent de l'anglais viennent de pays, européens, africains et asiatiques notamment, où il est soit langue officielle coiffant les langues tribales et régionales, soit langue d'enseignement précoce. Une partie de la population de ces pays possède une assez bonne connaissance de l'anglais. Il faut cependant rappeler que, malgré ce statut de langue officielle qui est le sien dans de nombreux pays, l'anglais est fort loin d'y être vraiment parlé par tous.

L'ANGLAIS, LANGUE DIFFICILE, EN PARTICULIER POUR LES USAGERS DE LANGUES LATINES

Seuls les locuteurs natifs de l'anglais maîtrisent, évidemment, les caractéristiques qui font de lui, malgré son absurde réputation, répandue par des incompétents prompts à s'attribuer une compétence, une langue fort difficile. Un des éléments de cette difficulté est phonétique : il s'agit de la prononciation des voyelles et des diphtongues de l'anglais, elle-même assez variable d'un bout à l'autre de l'aire anglophone, et caractérisée, notamment, par la richesse des timbres vocaliques. La prononciation des voyelles et des diphtongues anglaises fournit un des principaux discriminants pour assigner ou non à quelqu'un un statut de locuteur de naissance. Une autre difficulté concerne le plan morpholexical, à savoir celui des mots-outils de la grammaire qui ont pour effet de modifier le sens des mots auxquels ils sont combinés. On mentionnera par exemple, ici, le nombre, et le taux d'emploi dans la conversation quotidienne, des expressions idiomatiques, en particulier celles qui présentent des « postpositions » ; il s'agit, en réalité, d'adverbes orientateurs postposés apparaissant dans ce que la tradition grammairienne anglaise appelle « *phrasal verbs* », c'est-à-dire groupes verbaux. Ce nombre et ce taux sont supérieurs à ceux que l'on observe dans les autres langues germaniques, et dans beaucoup d'autres langues de par le monde. Sont à mentionner aussi la souplesse des dérivations (voir ci-dessous *busty* [américanisme] sur *bust*, et surtout *iffy* sur *if*) et la liberté de formation de noms composés (voir *self-spoofing*). Ces traits caractéristiques de la langue anglaise la rendent particulièrement difficile aux locuteurs des langues romanes. En effet, l'anglais, du fait de ces traits, est fort différent du latin, d'où ces dernières sont toutes issues et dont elles ont hérité un grand nombre de propriétés. À titre d'illustration de la difficulté de l'anglais, je citerai ici des phrases ordinaires, que l'on peut glaner dans les circonstances courantes de la vie quotidienne aux États-Unis :

— *when rummaging everywhere, one often winds up unearthing ghastly truths ;*
— *he has the knack for self-spoofing, even at the cost of resorting to iffy means ;*

— *while carting away the rubble, they came across a scantily clad chick with tousled hair and a fagged out look ;*
— *he was fretting over how to shun bores, all the more since they were dourly dinning into his ears that he had to fend for himself to botch up his novel, instead of wasting time whooping it up, idling about and preening himself ;*
— *« this is not slander to be trifled with », he thought, as his eyes were darting about the room, looking for the one, among his helpmeets, who had demeaned himself so far as to malign him in order to wooe this busty freckled teen*[5].

Ce sont là des types de formulations idiomatiques courantes, immédiatement familières à ceux qui ont de l'anglais une connaissance de locuteurs autochtones. On constate qu'elles paraissent à peine compréhensibles à d'autres qui, pourtant, sont réputés bien connaître l'anglais.

---

5. Traductions : « en fouillant partout, on finit par déterrer des vérités effrayantes » ; « il a le don de l'autodérision, même au prix d'un recours à des moyens douteux » ; « tandis qu'ils dégageaient les moellons pour les emporter dans un tombereau, ils sont tombés par hasard sur une fille à peine habillée, tout ébouriffée et qui avait l'air épuisée » ; « cela le rongeait de se demander comment se dérober aux raseurs, d'autant plus qu'ils étaient en train de lui rebattre obstinément les oreilles de la nécessité de se débrouiller pour rafistoler son roman, au lieu de perdre son temps à faire bruyamment la fête, à paresser ici et là et à se pavaner » ; « "c'est une calomnie à ne pas prendre à la légère", pensait-il en dardant ses yeux autour de la chambre à la recherche de celui, parmi ses compagnons, qui s'était abaissé à le noircir pour faire la cour à cette fille de moins de vingt ans couverte de taches de rousseur et à la grosse poitrine ». Pour d'autres détails sur l'opacité de l'anglais, voir Hagège 2005a, p. 247-248.

COMPÉTENCE ACCEPTABLE EN ANGLAIS CHEZ BEAUCOUP D'EUROPÉENS DU NORD

Malgré la situation que l'on vient de rappeler, il se trouve que beaucoup d'usagers qui ne sont pas à proprement parler des locuteurs autochtones de l'anglais ont néanmoins dans cette langue une compétence assez bonne pour qu'on ne puisse pas raisonnablement soutenir que l'anglais international soit un idiome appauvri répondant à la pure urgence communicative et incapable d'exprimer des concepts plus élaborés. Cela est particulièrement vrai, en ce qui concerne l'Europe, pour les habitants des pays du nord du continent, Pays-Bas, Danemark, Norvège, Suède. L'apprentissage de l'anglais dès l'école primaire y a été institué pour la raison que la langue nationale n'a pas de réelle diffusion dans le reste du monde, ce qui est surtout vrai dans les trois derniers cas. Cet apprentissage précoce est en outre facilité par la parenté qui lie ces langues à l'anglais, germanique comme elles, alors que les langues romanes, étroitement apparentées entre elles, ne le sont avec l'anglais qu'au niveau, plus lointain, de la commune appartenance indo-européenne.

Cette compétence acceptable que possèdent, en anglais, de nombreux Européens étend encore le pouvoir de diffusion, déjà considérable, de cette langue. Cela pourrait, en donnant l'illusion d'une efficacité mondiale désignant l'anglais pour supplanter tout idiome, étendre encore davantage sa domination, si la promotion des autres langues n'est pas activement entreprise.

Les techniques modernes, défi d'un type nouveau par rapport aux lois d'évolution naturelle des langues humaines

L'anglais international tend aujourd'hui à prendre une forme assez fixe, ce qui est un défi aux lois d'évolution des langues humaines, et qui s'explique par le développement des moyens techniques contemporains. Pour comprendre de quoi il s'agit, il est utile de comparer l'anglais avec d'autres langues qui ont eu dans le passé, au moins en Europe, un usage véhiculaire.

L'anglais n'a rien de commun avec l'anodin jargon appelé *lingua franca*, qui s'est, en fait, limité durant tout le temps de son existence, c'est-à-dire jusqu'au début du XIXe siècle, aux pays riverains de la Méditerranée. Les langues de ces pays étaient les sources mêmes de son lexique, puisque celui-ci était mêlé d'italien, d'arabe, de turc, de catalan, d'occitan. Et surtout, la *lingua franca* n'avait d'autre utilisation ni d'autre ambition que celles d'une langue du commerce et, parfois, des échanges diplomatiques. La situation de l'anglais n'est pas davantage celle du latin, car si, dans le sillage de la conquête romaine, les formes parlées de ce dernier ont bien, comme l'anglais d'aujourd'hui, dominé l'Europe, elles se sont, dès les VIe et VIIe siècles, différenciées en idiomes variés : d'une part, cinq grandes langues qui allaient devenir celles d'États-nations, le français, l'espagnol, l'italien, le portugais et le roumain ; d'autre part, un certain nombre de langues et groupes de langues de diverses communautés non érigées en États, du galicien au rhéto-romanche en passant par l'occitan, le franco-provençal, le catalan, etc. Certes, l'anglais pouvait paraître, naguère, voué à une évolution comparable, du fait d'une différenciation, pourtant assez faible encore, entre ses variantes de part et d'autre de l'Atlantique (en incluant la variante canadienne), comme entre ces dernières et celles d'Afrique du Sud, d'Australie ou de Nouvelle-Zélande ; d'autre part, il est vrai que les NNVE (*Non Native Varieties of English*), c'est-à-dire les variantes officielles indienne, philippine, singapourienne, ou encore nigériane, ougandaise, kényane étaient, et semblaient devoir rester, de plus en plus différentes des usages britannique et américain.

Cependant, la situation a changé depuis le milieu des années 1980. À partir de cette époque, en effet, le développement considérable des techniques d'information, notamment Internet, ainsi que celui de l'accès aux médias audiovisuels et écrits dans un grand nombre de pays du monde, ont eu pour effet la fixation d'une norme unifiée, vers laquelle convergent d'innombrables réseaux. En conséquence, l'anglais écrit, loin d'être menacé de dispersion par le fait même de son expansion universelle, est le bénéficiaire évident, et croissant, de l'énorme pouvoir d'homogénéisation qui est inhérent à la puissance et à la rapidité des moyens modernes de communication. De surcroît, la langue que servent si puissamment tous ces moyens, si on la compare avec la *lingua franca* d'autrefois, n'est pas un simple idiome qui rende innocemment service par le pur fait qu'il facilite la communication internationale. C'est, en réalité, la langue de plusieurs pays industrialisés et assez peuplés, qui figurent parmi les plus riches et les plus puissants du monde moderne, ceux dont les intérêts économiques régentent la planète.

Ce type d'anglais, il est vrai, concerne surtout, en Amérique et en Europe, les mondes politique, économique et scientifique, et cela est vrai également dans une partie de l'Asie, ainsi que, dans une moindre mesure, en Afrique. La diffusion de l'anglais parmi certaines des masses de ces continents est d'un ordre tout différent, mais plus efficace encore. En effet, elle s'applique à une langue que l'on entreprit de répandre, au début de la Seconde Guerre mondiale, dans les communautés, souvent d'origine coloniale, qui devaient fournir des combattants aux armées britannique et américaine. Il s'agit de ce qu'on a appelé le *Basic English*, et qui, répondant à ce souci d'apprentissage rapide, ne contenait pas plus de neuf cents mots. W. Churchill, qui en fut l'un des instigateurs principaux, comprit, en chef d'État doué d'une rare clairvoyance, à quel avenir mondial était promis cet anglais simplifié (Lecherbonnier 2005, p. 38 *sq.*). Le projet concurrent que cela suscita en France se heurta non seulement à l'hostilité de ceux qui y virent un acte de mépris vis-à-vis des masses colonisées, mais en outre à celle des gens de plume, convaincus que la pureté du français littéraire le rendait seul digne d'être recommandé, même au prix de la réduction de son usage, caractéristique naturelle d'une langue réservée aux élites. Tant il est vrai que l'acuité de jugement critique de l'intelligentsia française, si elle est en soi une qualité, peut, par ses effets, être une fâcheuse tentation, puisqu'elle fait perdre, parfois, tout sens pratique et débouche sur la stérilité.

Les critiques de ce type n'effleuraient pas les promoteurs du *Basic English.* La conception française, quant à elle, était, en harmonie avec l'histoire du rayonnement de la langue dans l'Europe des Lumières (voir chapitre 1), liée à une représentation du français comme support d'une littérature prestigieuse, alors que, selon la conception anglaise et américaine, la langue est d'abord un instrument d'échanges pratiques, professionnels et commerciaux. C'est là certes une différence radicale de conception. Mais, en réalité, une langue est bien autre chose que ce dont on brandit astucieusement l'image trompeuse, à savoir, selon ce qui est souvent déclaré à propos de l'anglais, un pur outil pratique de communication internationale facilitant les échanges entre individus qui ne partagent pas un même idiome. Car du fait même que, selon la vision anglo-américaine, la langue n'est pas une fin en soi, il apparaît, si l'on dépasse les apparences, que ce qui est premier est cela justement qu'elle véhicule. Le choix de langue est solidaire d'un choix de civilisation, s'il n'en est pas, même, la conséquence naturelle. La preuve de ce lien est apportée par le fait que, comme on l'a vu plus haut, la majorité de ceux qui adoptent volontiers l'anglais sont, en fait, séduits par les valeurs dont il est porteur, c'est-à-dire par les rituels sociaux et culturels des États-Unis, des vêtements aux spectacles, de la musique à la danse et des loisirs aux sports.

Cela signifie que la domination de l'anglais n'est pas inexorable. Qu'il prenne la forme d'une langue des élites économiques, politiques et techniques, ou celle d'un vecteur apparemment simple et direct des cultures de masses, l'anglais est, en fait, la langue dans laquelle s'exprime une certaine conception de l'existence. À ce titre, sa primauté est simplement celle d'une civilisation que beaucoup de pays du monde apprécient aujourd'hui.

Si l'anglais écrit est actuellement, comme on l'a vu, abrité par les techniques modernes d'information, qui en véhiculent une forme relativement unifiée et neutralisent les facteurs d'érosion, les usages parlés sont beaucoup plus ouverts à une évolution, qui les conduit soit à l'affleurement de variantes locales intégrant des apports exotiques qui enrichissent la langue, soit à des formes diverses de créolisation. Mais on ne doit pas perdre de vue que la situation d'autres langues à vocation internationale, et notamment le français, est semblable, sur ce point, à celle de l'anglais (voir p. 169 *sq.*).

L'anglais des sciences, latin d'aujourd'hui ?

LA PRESSION DE L'ANGLAIS DANS LE MONDE DE LA RECHERCHE

Le problème ici n'est pas simple. Les savants européens ont longtemps communiqué entre eux en latin. Cependant, le latin n'a pas toujours été le moteur d'une science dynamique. En réalité, au gré du temps, la pensée qui s'y exprimait devenait, dans une large mesure, conservatrice, et était en voie de figement. À l'opposé, un mouvement s'accentuait, en vertu duquel c'étaient les langues nationales qui, non sans danger pour les auteurs aux époques où régnaient des pouvoirs absolus, servaient, toujours davantage, de véhicules à la liberté d'expression et aux esprits novateurs. Néanmoins, de nombreux savants européens voyaient dans le latin une langue commune facilitant la circulation des informations scientifiques. En outre et surtout, il s'agissait d'un idiome caractérisé par sa parfaite neutralité. En effet, jusqu'au milieu du XIXe siècle, un processus, amorcé avec la Renaissance, se développa, qui conduisait à l'émancipation des langues nationales. Dès lors, le latin devenait de moins en moins une langue officielle des gouvernements de certains pays et des relations entre pays, et de plus en plus un idiome à vocation européenne, cette dernière étant puisée, précisément, dans le caractère profondément européen de son passé. On ne peut évidemment pas en dire autant de la langue aujourd'hui répandue parmi les savants de presque toutes les disciplines, à savoir l'anglais. Qu'on le veuille ou non, il s'agit de la langue nationale et officielle de pays particuliers. Par suite, il est impossible de considérer que l'anglais soit, pour les scientifiques, un simple moyen pratique de communication. Pour les chercheurs non anglophones, il est quelque chose de plus complexe que cela, sans compter que, même s'ils le pratiquent fort bien, ils sont défavorisés, dans les publications comme dans les exposés oraux, par rapport aux anglophones de naissance.

Quant aux chercheurs francophones, ils sont dans une situation plus difficile encore, en tant qu'héritiers d'une tradition de rayonnement du français. Leur mauvaise conscience par rapport à cet héritage est occultée par la honte qui les habite à l'idée qu'ils pourraient être déconsidérés, sur les tribunes internationales, pour leur attitude de Français arrogants qui refusent de se plier à la loi universelle de l'anglais. À cela s'ajoute qu'ils sont soumis à la pression du désir légitime qu'ont les savants de faire connaître leurs travaux. Ils pensent ne pouvoir satisfaire ce désir que par la participation aux réunions scientifiques tenues hors de France et dont la langue unique est l'anglais, ainsi que par deux types de comportements : d'une part, l'adoption de l'anglais comme langue unique des réunions qui se tiennent en France ; et, d'autre part, la soumission d'articles aux revues anglophones prestigieuses, qui, de surcroît, sont seules prises en compte dans les bibliographies scientifiques de diffusion mondiale. Il faut bien admettre que ces pressions sont puissantes, et qu'il est assez difficile de s'affirmer en y échappant.

LES APORIES DES CHERCHEURS NON ANGLOPHONES

En dépit de ces pressions, il n'est pas évident qu'il soit de l'intérêt du chercheur non anglophone de se soumettre complètement, et de persister dans l'attitude servile et timorée du savant provincial qui se fixe pour modèle l'imitation des « grands ». En réalité, ce dernier est victime d'un système pervers : ou bien il n'écrit pas en anglais, et il redoute alors la perspective de n'être publié par aucune revue anglophone ; ou bien il parvient à faire publier un article écrit en anglais, mais il n'aura pas osé y exposer d'idées novatrices, même s'il en a, et sa soumission aux dogmes qui sont ceux des comités de lecture des périodiques américains prestigieux le conduit alors à bannir toute originalité, son travail faisant partie des contributions honnêtes, mais sans relief, qui ne connaîtront pas de rayonnement.

La situation peut être pire, cependant, dans les cas où un chercheur étranger soumet à une revue anglophone un article original et fécond. Des abus graves peuvent se produire alors, comme celui qu'illustre la mésaventure du professeur L. Montagnier. Celui-ci avait, comme on sait, envoyé, en 1983, des échantillons du rétrovirus du sida, qu'il venait de découvrir, à l'évaluateur de l'article soumis à la revue *Science*, puisque cet évaluateur demandait à examiner les échantillons. Or, peu après, Montagnier eut la mauvaise surprise de constater que l'évaluateur utilisait dans son propre travail ces résultats, en s'en attribuant la découverte ! Lecherbonnier cite (2005, p. 94), d'après une étude de C. X. Durand lue à Québec en mai 2001 devant l'Association universitaire francophone, les propos plus que surprenants d'un autre évaluateur qui, du moins, a le mérite de la franchise, même ouvertement cynique :

> « Ces articles [...] nous arrivent sur un plateau d'argent, écrits dans notre langue [...]. Comment voulez-vous que nous nous empêchions d'exploiter les meilleures idées ? [...] Nous passons facilement un tiers de notre temps [...] à chercher de l'argent pour financer notre travail [...]. Nos collègues européens et asiatiques n'ont pas cette obligation, et peuvent vraiment se consacrer à leur recherche scientifique et produire quelque chose. Dans ce contexte, vous pensez bien que nous allons exploiter toute idée intéressante pour laquelle on sollicite notre avis [...]. Il est arrivé à certains de mes collègues de refuser la publication d'un article, lorsqu'ils voulaient "pirater" son contenu [...]. Toutefois, dans la plupart des cas, ce n'est même pas nécessaire. Nous approuvons la publication de

ces articles, mais notre réseau de contacts avec l'industrie nous permet d'exploiter les meilleures idées et d'en tirer les bénéfices commerciaux en premier [...]. Si vous volez une idée à quelqu'un alors que celle-ci n'a pas encore fait l'objet d'une publication antérieure, [...] comment voulez-vous que ce dernier soit en mesure de prouver quoi que ce soit ? »

Tout ce que l'on peut dire pour atténuer la surprise que produisent de tels propos, c'est que la situation est différente dans les sciences humaines. Un article de sociologie, d'histoire de l'art, d'archéologie ou de linguistique risque moins qu'un article de physique, de chimie ou de biologie d'être exploité par les spécialistes qui avaient pour tâche de l'évaluer. Cela ne veut pas dire qu'il n'y ait pas eu, dans les sciences humaines aussi, de cas comparables à ceux qui viennent d'être cités. Mais, précisément, cette différence statistique n'est que le reflet d'une vérité brute : c'est dans les sciences de la nature que les découvertes ont le plus de conséquences économiques et industrielles.

DE CERTAINS CAS DE MÉFIANCE DES CHERCHEURS ANGLOPHONES À L'ÉGARD DE LA DOMINATION DE L'ANGLAIS DANS LES SCIENCES

Il est peut-être utile de faire observer que, si les grands groupes industriels anglophones agissent résolument, avec la complicité active du monde européen de l'entreprise, pour répandre l'anglais, comme l'a montré ci-dessus, parmi bien d'autres exemples, l'affaire des brevets, la situation est plus complexe dans les milieux scientifiques et universitaires. Exploiter sans états d'âme les travaux des meilleurs chercheurs étrangers ne signifie pas qu'aux États-Unis les spécialistes souhaitent tous l'installation en nombre, dans les laboratoires américains, de ces chercheurs. Certes, il ne manque pas de cas où des savants européens, indiens, japonais, etc., de haut niveau ont trouvé des lieux d'accueil dans de grandes universités de l'est ou de l'ouest des États-Unis, mais ils sont en nombre relativement limité, et soigneusement choisis. Il est loin d'être évident qu'un nombre plus important d'installations de chercheurs soit souhaité. Cette attitude de malthusianisme prudent a une répercussion sur la langue. Pour ces scientifiques, et sans doute pour certaines des entreprises industrielles américaines avec lesquelles ils ont des liens souvent étroits, notamment à travers le financement de leurs travaux par ces dernières, le réalisme ne recommande pas nécessairement d'avoir un regard bienveillant sur ces promotions d'ingénieurs sortant des grandes écoles ou des universités, et à qui les pays européens, notamment la France, se croient obligés de donner une formation intensive en anglais. Ces anglophones, qui pourraient chercher à faire carrière aux États-Unis, risquent d'y introduire une concurrence sur le marché de l'emploi. Il n'est pas certain que celle-ci soit particulièrement recherchée. Dans la perspective des producteurs, seule est importante la simple consommation de produits américains par le monde entier. Et celle-ci, de surcroît, ne postule pas nécessairement dans tous les cas le passage à l'anglais. Ce qui est visé, c'est, très précisément, un marché américain universel. L'adoption généralisée de l'anglais sert, évidemment, ce dessein ; mais elle n'en est pas la condition absolue.

LE FRANÇAIS ET LA TERMINOLOGIE SCIENTIFIQUE ET TECHNIQUE

Un autre aspect du problème de la langue scientifique est que le français souffre d'une fragilité dans le domaine de la terminologie spécialisée. La situation aurait été différente, en France, si, à la suite de la Seconde Guerre mondiale, et peut-être à cause des trois facteurs que sont l'humiliation de la défaite, l'épisode de Vichy et le prestige des techniques américaines qui semblaient avoir assuré la victoire aux États-Unis, un doute n'avait commencé de se répandre sur la capacité de la science française à exprimer le monde moderne dans sa langue. Ce doute était contraire à la tradition française, telle que l'*Encyclopédie* l'avait illustrée avec éloquence peu avant la Révolution. Certes, de nombreux esprits avaient, dans le sillage de cette tradition, pris conscience de la nécessité d'édifier un lexique technique répondant aux nouveautés théoriques et aux inventions qui enrichissaient de nombreuses branches de la connaissance. Au début des années 1970 furent ainsi instituées des commissions chargées de proposer des termes techniques de facture française, au lieu des termes anglais qui foisonnaient, ou de leurs adaptations fautives en français.

Cependant, ces efforts n'eurent pas le succès escompté. Sous divers prétextes, notamment d'inspiration néo-libérale de plus en plus favorable à la diffusion de l'anglais, le pouvoir politique, en France, ne permit pas la création d'une banque de données plurilingue, qui aurait systématisé les travaux de terminologie, et rendu possible un véritable corpus de désignations scientifiques françaises. Dès lors, on aboutit à un paradoxe. Le français possède une histoire prestigieuse. Celle-ci est jalonnée par des actions, à la fois politiques et linguistiques, qui ont fortement contribué à l'orienter. Ainsi ont été édifiés, notamment, divers secteurs du lexique de la connaissance. Or, en dépit de cet acquis considérable, le français apparaît aujourd'hui comme une langue qui ne fournit pas dans une mesure suffisante aux chercheurs l'arsenal terminologique permettant de contribuer au progrès des sciences. Rien ne laissait prévoir il y a soixante ans, ni ne légitimait en aucune façon, une évolution vers un tel état de fragilité dans le domaine de l'expression scientifique.

La diffusion internationale de l'anglais, facteur d'isolement des États-Unis dans un ghetto linguistique et culturel

La situation dans les sciences n'est qu'un aspect d'un état plus général, dont il convient de souligner les risques. Certains pourraient, certes, faire valoir que cette hégémonie de l'anglais, indépendamment des abus qu'elle permet, comme ceux qu'on vient de mentionner, n'est pas nécessairement un mal. Ils soutiendront que les États-Unis étant, du moins à l'origine, une émanation, sinon une excroissance, de l'Europe, celle-ci n'est pas exposée à se dénaturer lorsqu'elle se fixe pour but, explicitement ou non, d'en imiter le modèle. Mais cet argument est assez fragile (voir p. 57-60). Néanmoins, il encourage dans leur frénésie mimétique les classes dirigeantes qui pensent l'Europe contemporaine. Or non seulement cette attitude constitue un défi considérable pour le destin même de l'Europe, mais, au surplus, il n'est pas même évident que les plus lucides des Américains aient lieu de se réjouir des résultats de l'offensive économique et politique qui a assuré aux États-Unis une position solide en Europe.

À s'en tenir, en effet, aux conséquences que cette offensive peut produire, la diffusion internationale de l'anglais, et, dans le cas particulier de l'Europe, sa forte présence dans les pays de l'ouest, mais aussi du centre et de l'est, du continent, ne sont pas sans impliquer un risque de ghettoïsation des États-Unis, de plus en plus fermés aux autres langues, c'est-à-dire aux discours différents dont elles sont porteuses. Chacun peut observer, dans la politique internationale telle qu'elle est conçue et conduite outre-Atlantique, les particularités que critiquent sans relâche les élites intellectuelles américaines, beaucoup plus sévères, à l'égard de leur gouvernement, que les Européens les plus hostiles : erreurs de jugement, défauts d'ajustement aux mentalités et aux usages locaux des terres étrangères, bavures résultant de l'absence d'un véritable dialogue avec les populations. Les événements actuels au Proche-Orient ne sont qu'un exemple, parmi d'autres, de cette situation.

Ce sont les observateurs américains et britanniques les plus conscients qui ont, les premiers, mis en garde contre la dangereuse assurance que peut donner à ses usagers la conviction que l'anglais est appelé à dominer la planète, et que, par conséquent, il n'est pas nécessaire que les anglophones apprennent d'autres langues. L'erreur de jugement qui sous-tend cette politique de clôture a eu une conséquence tout à fait néfaste. En effet, jusqu'au début des années 1960 était en vigueur aux États-Unis le *Ph.D. foreign language requirement*, qui maintenait dans le système universitaire américain une certaine ouverture aux langues autres que l'anglais : tout candidat au doctorat devait, selon cette mesure, être capable de comprendre un texte scientifique écrit dans son domaine de spécialité en une langue étrangère. D'abord éliminée pour les sciences exactes, les mathématiques, la biologie et l'économie, cette mesure fut ensuite tout simplement abolie (Durand 2004, p. 115).

Les observateurs américains et britanniques les plus avisés ont également souligné (Durand 2004, p. 107) le paradoxe par lequel, malgré l'étendue de leurs réseaux de communication et la puissance d'Internet, les milieux dirigeants de la politique américaine se sont progressivement isolés du monde, et sont devenus de plus en plus étrangers à certains des grands courants de pensée, de croyances et de création qui agitent aujourd'hui les sociétés humaines, de la Russie à la Chine, des pays arabes à l'Inde et de l'Afrique à l'Océanie.

Les illusions de la mondialisation et les inégalités de fait, vues en termes linguistiques

On vient de souligner une étrange situation : en un temps de saturation par une communication gigantesque et omniprésente, porteuse de centaines de milliards de messages du plus creux au plus fécond, il existe une forte déconnexion d'opinions et de perceptions entre deux univers : d'une part, les sphères du pouvoir aux États-Unis, peut-être aussi une partie des masses de ce pays, et d'autre part le reste du monde. Cette déconnexion est en contradiction inattendue avec ce que paraissait promettre le développement de l'information à l'échelle de la planète. L'exportation fortement assistée d'un certain modèle de démocratie, s'exprimant en anglais, ne s'adapte pas facilement aux besoins et à l'histoire propres d'individus et de sociétés aux fondements tout à fait différents. Elle n'implique pas, en outre, de tolérance profonde de l'altérité, c'est-à-dire d'apprentissage suffisant de l'identité de l'autre, y compris dans les cas où l'on croit à la valeur universelle des modèles qu'on voudrait exporter. Cela signifie qu'elle ne tient pas vraiment compte du fait qu'une condition essentielle pour garantir la paix est l'acceptation de ce qu'est l'autre, de ce que sont ses institutions, son histoire, ses coutumes, son territoire, et de ce qu'implique son droit à la différence individuelle et collective, ainsi que son droit de langue, c'est-à-dire son droit de cultiver sa langue et de souhaiter qu'elle soit utilisée par ceux qui lui parlent. Faute de cette acceptation de l'autre, on aboutit à une situation d'inégalité.

Cette inégalité souligne les illusions de la mondialisation. Il est peut-être utile de distinguer ce concept, comme le font certains auteurs (voir par exemple Mufwene 2002, p. 6), de celui de globalisation. Alors que la mondialisation désigne la diffusion, à l'échelle de l'univers, des institutions comme McDonald, des films hollywoodiens, de la musique pop ou des jouets américains, ainsi, évidemment, que de la langue anglaise elle-même, la globalisation n'implique pas nécessairement une universalisation, et peut s'appliquer à la mise en relation étroite des parties d'un système complexe, éventuellement étendu à une vaste région, en particulier dans le domaine des affaires. Ce sont bien la langue anglaise et la culture américaine qui sont, à l'heure actuelle, les bénéficiaires de la mondialisation. Ceux qui se laissent séduire par les mirages de cette entreprise peuvent s'imaginer qu'elle est au service de toutes les cultures, mais telle n'est pas la situation. On n'a pas créé de village planétaire ouvert à toutes les langues, et il n'existe pas d'auditeur ni de téléspectateur universels. Les projets globaux à l'échelle d'un continent n'ont pas jusqu'ici donné de résultats. Ainsi, le journal *The European* (d'ailleurs de langue anglaise !) n'a pas résisté, à partir de 1998, en dépit des efforts et de la ténacité de ceux qui l'avaient lancé, à l'insuffisance de son audience (Durand 2004, p. 108).

Sur certaines réactions européennes à la pression de l'anglais

RÉACTIONS OFFICIELLES EN FRANCE

Il n'existe pas véritablement, à l'heure actuelle, de situation qui garantisse une langue contre le risque d'être supplantée par une autre quand plusieurs facteurs assurent la puissance de cette dernière. Quelles sont donc les réactions face à l'omniprésence de l'anglais en Europe ?

En France, il existe théoriquement une tradition d'identification de la langue à l'État, alimentée par les épisodes de rayonnement du français comme ceux dont il a été question au chapitre 1. Pourtant, aujourd'hui, dans divers milieux politiques, l'omniprésence de l'anglais ne paraît pas poser de problème. Les organes officiels eux-mêmes ne semblent guère s'alarmer de l'élimination progressive du français dans les entreprises, ni s'effaroucher de l'idée d'introduire l'anglais à l'école, à l'université, dans la recherche et dans les administrations. Ainsi, la Délégation générale à la langue française n'a guère, jusqu'ici, étendu à la promotion du français en Europe les efforts qu'elle accomplit en faveur de celle des langues régionales en France. Cette délégation, au demeurant, est rattachée au ministère de la Culture, et n'a pas le statut d'organe interministériel qui lui permettrait d'agir efficacement face aux facteurs économiques, politiques et sociaux de la domination de l'anglais.

RÉACTIONS PRIVÉES EN FRANCE

Dans d'autres milieux, cependant, la domination de l'anglais est dénoncée comme un phénomène auquel il convient de réagir. Nombreuses sont, d'abord, les associations et les publications qui, suivant une tradition bien établie, défendent une norme (sans nécessairement adopter une attitude puriste), et notamment récusent aussi bien les emprunts non intégrés que la substitution de l'anglais au français dans beaucoup de circonstances. Tel est le cas d'associations professionnelles et de syndicats. Tel est aussi le cas des revues trimestrielles *Panoramiques* et *Défense de la langue française*, cette dernière étant l'organe d'une association du même nom, qui n'est pas sans émules dans d'autres pays d'Europe dépourvus d'une tradition d'illustration de la langue comparable à celle qui prévaut en France. On peut en juger par l'existence d'une association homologue, et probablement créée selon ce modèle, comme *Verein Deutsche Sprache*, dont le siège se situe à Dortmund.

On observe encore, en France, d'autres réactions privées que celles des associations et publications. Ainsi, il existe à la Société nationale des chemins de fer français (SNCF) un Cercle littéraire des écrivains cheminots (CLEC), qui obtint du Commissariat général de la langue française, en 1984, le statut d'association, concourant, par ses actions, à la défense de la langue française, et admise, en tant que telle, au sein de la commission ministérielle de terminologie des transports. Comme on l'a vu, l'emprunt, à dose raisonnable, n'est pas une menace pour une langue, mais fait partie de sa vie. Quand, cependant, il enfle jusqu'à la menace d'une indigestion, il est normal que les plus soucieux de la langue s'alarment. Cela d'autant plus que, comme en sont convaincus les membres du CLEC,

> « l'entreprise est le terrain privilégié du combat pour le français : c'est là que les produits sont conçus et fabriqués, c'est là que s'élabore la publicité, c'est là que se font les exportations, c'est là que se négocient les contrats commerciaux. Bref, c'est là que sont les forces vives d'un pays » (Besson 2004, p. 182).

On peut, certes, considérer que le combat pour la langue, s'il est vrai qu'il ne saurait, pour toutes ces raisons, se passer de l'effort de l'entreprise, est conduit, en solidarité avec elle, dans trois lieux au moins : à l'école d'abord, quand les maîtres sont conscients du rôle capital que joue leur enseignement ; ensuite, dans les milieux littéraires en général, dont justement le CLEC fait partie ; enfin, dans ceux des milieux politiques qui ne baissent pas les bras devant la pression du néo-libéralisme et ses conséquences linguistiques. Mais, quoi qu'il en soit, dans le cas particulier de la SNCF, l'action énergique des écrivains cheminots n'a pas été sans résultats. Elle est parvenue, par exemple, à faire remplacer *just in time*, dont s'étaient épris les responsables du transport de fret comme d'un talisman qui disait magiquement la nécessité de livrer les marchandises au moment convenu, par *juste à temps*, qui dit exactement la même chose, mais présente le lourd inconvénient d'être du français, et donc de n'être pas à la mode. Le CLEC réussit également, en 1991, à accréditer *imprévu* au lieu de *go-show* et *défaillant* au lieu de *no-show*, pour référer, respectivement, au voyageur qui se présente sans avoir réservé et à celui qui a réservé mais ne se présente pas. Ce succès fut obtenu de haute lutte, c'est-à-dire grâce au rythme ultra-rapide de l'action : au moment même où il était alerté par un de ses membres, qui venait de rencontrer ces mots anglais dans une instruction aux agents vendant les billets, le CLEC saisissait la commission et sollicitait du même mouvement l'avis du directeur des grandes lignes, dont il obtenait la caution ; et tout fut fait en quelques semaines (Besson 2004, p. 184-185). La direction de la SNCF fut même conduite à proposer elle-même, pour répondre aux demandes du CLEC, l'expression *point nodal* au lieu de *hub*, que l'usage d'autres pays européens risquait d'imposer, pour désigner un lieu servant, dans le trafic international, de pivot en vue de la diffusion des conteneurs en France. Le CLEC s'est aussi battu, mais sans succès cette fois, pour substituer, à *joint venture*, le terme *coentreprise*, qui aurait rendu service bien au-delà de la SNCF. On pourrait mentionner d'autres échecs, et quelques autres succès (Besson 2004, p. 185-187). En tout état de cause, il apparaît clairement que l'inertie n'est pas la règle face à l'entrée massive de termes anglais dans les grandes entreprises, et qu'il s'y livre fréquemment des combats animés par des groupes privés.

On pourrait en produire beaucoup d'autres exemples, concernant, cette fois, non plus les emprunts, mais la substitution pure et simple de l'anglais au français. Ainsi, une note adressée en juillet 2000 aux membres du comité de direction par les responsables d'un pôle du groupe Banque nationale de Paris-Paribas, à savoir la

Banque de financement et d'investissement (BFI), ordonnait d'adopter désormais l'anglais seul dans les documents internes adressés aux salariés français, tout comme ce même organisme bancaire avait présenté en anglais, quelque temps plus tôt, les informations sur l'organisation et la logistique, et exigé l'emploi de l'anglais dans les CV du personnel. La réaction de la Confédération générale du travail fut rapide. Dans son texte de protestation, qui obtint gain de cause, on peut voir posé en termes adéquats et explicites le problème général de l'emploi d'une langue étrangère au français dans le monde du travail :

> « S'il y a des travailleurs émigrés à la BFI, il faut leur apprendre le français. Ou alors, on considère que l'anglais est une langue supérieure et que l'on doit écrire, parler et penser en anglais, même en France ! Nous demandons à la direction d'adresser un mémorandum aux salariés de la BFI pour leur dire que la langue française est la langue de BNP-Paribas en France et celle dans laquelle doivent être faits les mémos, avec une traduction en anglais pour les non-francophones, en attendant qu'ils aient appris le français » (cité *in* Lecherbonnier 2005, p. 32).

On peut mentionner encore le comportement du Syndicat national des pilotes de ligne, qui a engagé, en 2004, une action contentieuse à l'encontre de la direction de la compagnie Air France, à propos de la décision qu'avait prise cette compagnie de distribuer aux pilotes des documents de travail rédigés en anglais et dépourvus de traduction, ce qui constitue une infraction au code du travail, mais aussi aux articles 3 et 4 du décret du 3 mars 1995. Ce syndicat a également réagi contre l'obligation, imposée par les compagnies aériennes françaises à leurs pilotes, de s'entretenir en anglais, même pour les vols intérieurs, avec le personnel des tours de contrôle, alors que, comme il est logique, la sécurité, motif principal du choix de langue, croît en raison directe de l'emploi d'une langue maternelle commune aux partenaires de l'échange. Un point remarquable est qu'il s'agit ici de professionnels qui ont une connaissance technique de l'anglais certainement supérieure à celle des personnels d'entreprises comme France Télécom, La Poste, les banques, ou les firmes nationales qui croient chic ou efficace d'imposer l'usage de l'anglais à leurs conseils d'administration. Une telle obligation faite à ceux qui, comme ces personnels, n'ont aucune réelle compétence dans cette langue méconnaît un fait dont sont conscients ceux qui la connaissent mieux, à savoir que la rançon d'une connaissance inadéquate est le risque d'une moindre efficacité dans la saisie des concepts et dans l'expression écrite autant qu'orale ; s'y ajoute un sentiment d'aliénation culturelle, et une impression d'insécurité face aux locuteurs autochtones, qui, en tout état de cause, en ont, par définition, la maîtrise complète que l'on a d'une langue maternelle.

Ces sentiments commencent d'être bien analysés dans la presse économique. Ainsi, on peut lire dans un article du journal *Les Échos* du mois de mars 2000 :

> « Une langue est constitutive d'un lien affectif fort. Laisser les salariés s'exprimer dans leur langue est le meilleur moyen pour qu'ils affirment leur personnalité. La privation de la langue est au contraire facteur d'angoisse. Les gens se sentent dépossédés et il en résulte un appauvrissement de l'échange » (cité *in* Lecherbonnier 2005, p. 41).

Un directeur de cabinet de consultants souligne (*ibid.*) que

> « le piège de l'anglais, c'est qu'il ne fédère qu'en apparence. Les gens se parlent, mais ils ne se comprennent pas, ou, pire, croient réellement se comprendre. Au fond d'eux-mêmes, ils cherchent à préserver leurs différences. On va donc au-devant de crises locales, mais majeures ».

Quant à l'anglomanie des patrons européens, elle n'est pas plus prometteuse. Leur connaissance supposée de l'anglais, même quand elle est insuffisante, leur confère, par rapport à leurs subordonnés, une manière de statut qui accroît encore les effets de la relation hiérarchique, et paraît légitimer leur position dominante, lors même que des collaborateurs non anglophones mais techniquement plus compétents qu'eux sont réduits à la marginalisation, ce qui prive l'entreprise de concours précieux.

RÉACTIONS DANS D'AUTRES PAYS EUROPÉENS

D'autres pays européens, qui ne possèdent pourtant pas une vieille tradition d'identification de la langue à l'État comparable à celle qui, en principe, existe en France, ne restent pas indifférents devant la pression de l'anglophonie. On peut en retenir deux exemples, offerts l'un par l'Espagne et l'autre par la Suède. Lors de la conférence de presse qui a suivi le sommet de Copenhague, tenu en décembre 2002, sur les conditions de l'adhésion de nouveaux États membres, une banderole déployée derrière la tribune et proclamant *One Europe* a suscité une réaction d'A. Palacio, ministre des Affaires étrangères d'Espagne, qui écrivit dans *El País* quelques jours après ce sommet :

> « La devise *One Europe*, en anglais seulement, pose problème. Même si la question des langues n'a pas été abordée à Copenhague, c'est là l'un des sujets en souffrance qui doivent être débattus le plus tôt possible. La survie et la viabilité de ce projet d'Europe à vocation mondiale sont en jeu. Dans ce cadre, l'espagnol, l'une des langues officielles de l'ONU, parlée par plus de quatre cents millions de personnes dans plus de vingt pays, doit prendre la place à laquelle il a droit. »

D'autres cas sont plus frappants encore. Prenons l'exemple des pays nordiques. On sait que la place de l'anglais y est très importante : il est enseigné dès l'école primaire au Danemark, en Suède et en Norvège, il est omniprésent dans le monde des affaires, il est utilisé sans le moindre obstacle légal à l'université par les professeurs anglophones qui y sont installés ou invités. Autrefois, les Scandinaves qui se rencontraient s'exprimaient volontiers chacun dans sa langue, tant est grande la ressemblance entre les trois idiomes germaniques de l'Europe du Nord. Aujourd'hui, c'est parfois à l'anglais qu'ils ont recours, notamment quand un Danois intervient, sans doute du fait que la phonétique danoise, caractérisée par divers traits dont la présence d'une consonne glottale à l'articulation assez particulière, diverge de celles du suédois et du norvégien. Face à une telle situation, on pourrait supposer une résignation générale. Il n'en est rien. Ainsi, à Stockholm, en 2001, le Conseil des ministres a lancé une recherche sur l'effritement que pourraient connaître les langues scandinaves dans les domaines des activités scientifiques et techniques, presque entièrement occupés par l'anglais. Allant plus loin encore, le gouvernement suédois a chargé une commission parlementaire d'estimer dans quelle mesure le suédois est menacé par l'anglais, et d'élaborer un plan d'action ayant pour but de garantir que le suédois, bien appris par ses locuteurs, conserve la totalité de ses droits en tant que langue officielle et de travail de l'Union européenne. De telles formulations disent assez quels risques certains pays sont conduits à discerner pour leurs langues lorsque celles-ci ne sont parlées que de leurs nationaux, mais aussi avec quelle résolution ces pays, contre toute attente, sont prêts à défendre leurs langues. Les autorités de Stockholm ont lancé un processus massif de consultation du pays, qui doit aboutir à une loi. Ainsi, il apparaît que des pays où l'anglais est enseigné à tous les niveaux, et qui n'ont pas de tradition d'illustration de la langue nationale, sont au moins aussi alertés aux dangers de la situation actuelle qu'on peut l'être en France, où une telle tradition n'est pas absente.

Sur quelques exemples extra-européens d'affirmation

DES VOIX CRITIQUES EN INDE ET EN AFRIQUE

On trouve, hors d'Europe, des mises en cause du rôle que joue l'anglais dans la banalisation des idéologies et paradigmes professionnels qui reflètent l'imposition d'un « nouvel ordre mondial ». Ce rôle apparaît clairement dès lors qu'on a perçu le lien profond et permanent entre certains schémas de pensée et la phraséologie ordinaire de la langue qui les véhicule quand celle-ci est largement répandue dans le monde : les idées qui se trouvent constamment répétées dans une langue finissent par conférer à cette langue comme un caractère de nécessité, en même temps qu'elles lui doivent elles-mêmes de revêtir une sorte de légitimité. C'est faute d'apercevoir, ou de vouloir reconnaître, ce lien étroit qu'en Inde, par exemple, la petite minorité que constitue l'intelligentsia occidentalisée voit dans le roman indien de langue anglaise, notamment, le résultat d'un véritable phénomène d'appropriation, et considère que l'anglais indien est organiquement lié à ce pays (Zins

1995, en écho aux idées de Macaulay, voir ici p. 62). Mais des voix se font entendre également, qui soulignent qu'il n'en est rien, et que seules les langues de l'Union indienne possèdent un tel lien avec les populations (Dasgupta 1993), ou même que l'étude de l'anglais en tant que discipline universitaire ne présente pas, pour la majorité des Indiens, d'intérêt particulier (Rajan 1992). Un écho semblable s'entend chez de nombreux Africains éclairés, comme le romancier kényan N. G. Thiong'o, qui dénonce (Phillipson 2005, p. 165) cette assise linguistique du « nouvel ordre mondial », lequel, selon un autre auteur, M. Chimombo (1999, p. 223), « est en train de générer une formulation des problématiques politiques de plus en plus fondée sur l'anglais », imposant, notamment, à travers les programmes d'aide, l'intégration de la conception anglo-américaine de la démocratie.

L'EXEMPLE QUÉBÉCOIS : LA LOI 101

Il est possible, quand on a accédé à une véritable compréhension de ce que sont les périls et les enjeux, de s'inspirer de modèles éloquents. Un des plus remarquables est celui du Québec, où la situation linguistique est, en principe, régie depuis 1975 par la fameuse loi 101 ou Charte de la langue française. Cette loi date d'une époque où les élites politiques, conscientes de la pression énorme exercée sur six millions de Québecois francophones par plus de deux cent cinquante millions d'anglophones américains et canadiens, considérèrent que la défense du français par des mesures politiques était une question de vie ou de mort. Un élément décisif de cette pression était le fait que, dans ce pays assez ouvert à l'immigration, les nouveaux arrivants qui trouvaient des emplois dans les entreprises québécoises à gestion anglophone étaient des candidats naturels à l'adoption de l'anglais, et donc, vu leur nombre, à un accroissement plus fort encore de son territoire. La loi 101 stipule donc que le français est la langue officielle unique du Québec. En tant que tel, le français est non seulement la langue maternelle des Québécois d'origine, mais encore celle que doivent apprendre toutes les personnes s'installant dans la province et souhaitant y bénéficier de leurs droits. Les plus déterminés des anglophones et ceux des francophones qui sont hostiles à cet unilinguisme institutionnel en faveur du français ont évidemment fait jouer contre cette loi de puissants intérêts, et sont parvenus à en réduire les cas d'application, ainsi qu'à faire adopter divers amendements. Mais elle est toujours en vigueur et, dans l'état actuel, on peut même considérer qu'elle est la cause directe de la forte présence du français au Québec, y compris chez les Québécois récemment naturalisés et d'origines assez variées.

Ainsi, alors que, pour beaucoup, l'importance et l'extension apparemment continue du territoire de l'anglais en Europe se présentent comme un fait brut auquel ils ne voient pas de raisons d'être hostiles, car il ne leur pose aucun problème, il en est d'autres qui n'acceptent pas cette situation. Ils sont loin d'être les seuls à souhaiter promouvoir d'autres langues qui expriment leur identité face à une langue qui possède un puissant pouvoir de diffusion et de laminage, non seulement des idiomes rivaux, mais encore, et par la même occasion, des contenus de pensée que ces idiomes portent.

* *
*

Les faits qui viennent d'être rappelés et les considérations qu'ils inspirent doivent être présents à l'esprit de tous ceux qui, en Europe, sont favorables à d'autres choix, et à un plus grand équilibre du poids des langues. Il ne s'agit évidemment pas, ici, de mettre en cause l'anglais comme langue d'une civilisation anglo-américaine originale, dont l'apport à la modernité, non moins qu'à l'histoire, est considérable et digne d'admiration. Chacun sait que **les élites américaines sont, en bien des domaines, à l'avant-garde du monde d'aujourd'hui, et que les meilleures universités des États-Unis produisent, dans les arts, dans les lettres et dans les sciences, des individus et des travaux de toute première qualité**. Il s'agit, en réalité, de prendre la mesure du territoire de l'anglais dans le monde, et singulièrement en Europe, où le milieu anglophone des affaires est à l'origine du processus par lequel le domaine des langues européennes, déjà amputé, est menacé de se réduire plus encore dans l'avenir.

C'est cet état des lieux qui inspire une réponse active, destinée à promouvoir la diversité. Car, **sans la diversité,** non seulement **le monde** risquerait de ne plus connaître qu'un seul et même modèle de culture, mais, en outre et par voie de conséquence, il **serait exposé à la pire des issues : mourir d'ennui !**

SECONDE PARTIE

Les chemins d'action

Le laminage des langues et des cultures dans un moule unique n'est pas une fatalité, malgré l'apparence. Il existe de nombreux signes encourageants (chapitre 3), qui doivent renforcer encore la détermination de ceux qui croient à la possibilité d'une action décisive en promotion de la diversité culturelle et linguistique (chapitre 4).

CHAPITRE 3

De certains signes encourageants

Comme toute domination, celle de l'anglais en Europe suscite des réactions. En outre, une action efficace pour l'affirmation de la personnalité linguistique du continent et de la diversité qui en est une marque distinctive apparaît comme d'autant plus recommandable qu'elle peut s'appuyer sur de nombreux éléments positifs. D'une part, en effet, certains combats ponctuels ont déjà produit de bons résultats. De l'autre, il existe une association regroupant plus de cinquante pays qui proposent un choix différent, celui du français, sous les formes qui sont les siennes aujourd'hui. Enfin, divers projets se font jour, qui résolvent dans le sens du plurilinguisme le problème d'une langue officielle pour l'Union européenne.

Les combats ponctuels et leurs résultats

INANITÉ DE L'ARGUMENT COMMERCIAL « RECOMMANDANT » L'ANGLAIS

Comme on l'a vu dans la première partie, les présidents d'un grand nombre d'importantes entreprises françaises imposent l'usage de l'anglais à leurs collaborateurs et aux personnels de la hiérarchie. Rien n'a démontré, jusqu'à présent, que ce choix linguistique, qui ne concerne pas les relations commerciales avec la clientèle internationale, induise une meilleure gestion ni une plus grande efficacité technique, ni surtout une plus grande rapidité ou un moindre coût. Au contraire, l'imposition de l'anglais à des personnels qui ne l'ont pas pour langue maternelle rend nécessaire son apprentissage, sauf à ralentir et à opacifier les échanges quotidiens.

On constate également l'omniprésence de l'anglais dans l'activité commerciale, en particulier dans les noms de magasins et d'entreprises qui sont le spectacle quotidien de la rue en France et dans d'autres pays européens, dans la publicité, dans les notices d'utilisation des produits. Or cet état de fait n'assure pas infailliblement le succès des ventes. Aucune preuve n'a été apportée, jusqu'ici, de l'obligation de sacrifier les langues nationales pour pouvoir se plier aux impératifs du marché. L'emploi massif de l'anglais répond chez les marchands, comme on l'a vu, à la conviction que, s'il est susceptible d'avoir un puissant effet de déclenchement des réflexes d'achat, c'est parce qu'il est la langue de la modernité. Or, en réalité, l'outrance induit la lassitude. Diverses études établissent (voir notamment Mourlet 2000) que beaucoup de consommateurs se détournent de produits français quand ils découvrent que leur désignation anglaise cache leur lieu d'origine comme si elle garantissait par là une meilleure qualité.

Un autre problème est celui de la langue commerciale qu'il convient d'adopter pour favoriser la vente des produits d'un secteur dans lequel le fabricant a une prééminence technique et qualitative que l'ensemble des pays du monde lui reconnaissent. Pour prendre l'exemple de la production française, il existe un certain nombre de domaines dans lesquels elle possède cette prééminence. On peut citer, parmi eux, divers secteurs de la chimie, du génie génétique et de la médecine, ainsi que les trains à grande vitesse et certaines zones de pointe de l'aéronautique civile et militaire, ou encore, en dehors de l'industrie, la gastronomie évidemment, avec au premier rang les fromages et les vins, et généralement les arts de la table, ou enfin, de nombreux champs de la production de luxe, dont la parfumerie et la bijouterie. Les chefs d'entreprise devraient se persuader que la promotion du français ne peut en aucune manière mettre en péril la place de la France dans la virulente compétition internationale que produit le néo-libéralisme d'aujourd'hui. Il se pourrait même que l'inverse soit vrai, en particulier pour les productions connues dans le monde entier comme caractéristiques du savoir-faire français, et que les marchés étrangers sont habitués à voir désignées de leurs noms français, et avec des textes de présentation en français d'abord (éventuellement suivis de traductions dans les langues des pays destinataires).

Ainsi, les noms français des grands fromages et des grands vins imposent leurs consonances et leur graphie françaises, et il serait saugrenu de tenter d'en donner une traduction en anglais. Dans bien des cas, des slogans ou des formules qui sont des phrases de langue française accompagnent ces produits et sont connus de la clientèle internationale. Dès lors, c'est un contresens que d'adopter l'anglais pour les présenter, sinon même une erreur commerciale, dans la mesure où cela risque de surprendre, et sans doute d'irriter, une clientèle habituée non seulement à la facture française de ces produits, mais aussi à la langue française qui les met en mots. C'est pourquoi les fabricants de ces marchandises qui illustrent partout une compétence française reconnue commettent, lorsqu'ils se croient obligés de ne plus les vendre qu'en anglais, une double erreur d'appréciation. D'une part, ils ajoutent un territoire de plus au domaine de l'anglais et en chassent le français sans que rien de raisonnable les y contraigne. D'autre part, ils heurtent la psychologie de leurs marchés traditionnels. En la respectant, au contraire, non seulement ils ne menaceraient en rien l'efficacité des ventes, mais, en outre, ils serviraient du même coup, et sans frais, la promotion de la langue française.

LES VICTOIRES OBTENUES JUSQU'ICI DANS LE COMBAT POUR LA DIVERSITÉ CULTURELLE, ET LES ACTIONS À POURSUIVRE

La passion dynamique pour la diversité culturelle a permis de vivre au cinéma français, ainsi qu'on l'a vu au chapitre 1. Ce combat est devenu décisif au milieu des années 1990, et il est loin d'être terminé. Dans les négociations dites du GATT, divers pays, dont le Canada, ont soutenu l'effort de la France pour s'opposer à l'intégration des biens et services culturels dans la politique générale de libéralisation des échanges, et donc pour maintenir, lors des négociations de 1998, sa politique de quotas et d'assistance financière à la production nationale. Mais, l'année suivante, les représentants américains, à l'occasion de nouvelles négociations au sommet de l'Organisation mondiale du commerce, reprirent vigoureusement l'offensive pour obtenir l'intégration de l'audiovisuel aux négociations sur les échanges de produits, en particulier dans le domaine des ventes et achats électroniques et d'Internet en général. De nouveau, les négociateurs français parvinrent à contenir cette offensive et à préserver l'audiovisuel, maintenu en dehors du champ des accords. Le renfort vint, en cette circonstance, des pays qui, opposés à la domination d'une seule économie, adhèrent à la nouvelle idéologie dite altermondialiste. Mais de nouvelles offensives des tenants de l'ultra-libéralisme sont à prévoir, et ces victoires ponctuelles sont loin de mettre fin au combat nécessaire.

Une tendance assez présente, aujourd'hui, en France, dans les milieux économiques et politiques est de considérer que les protections dont bénéficie le cinéma français sont un artifice et un combat d'arrière-garde, et qu'à moyenne ou brève échéance, il faudra s'incliner devant les « lois du marché ». Les plaidoyers comme celui qui est conduit dans le présent livre seraient inspirés par une vision désuète du monde et par l'aveuglement aux réalités modernes et aux changements inéluctables qui font l'Histoire. Tout commande que l'on soit de l'avis opposé, et qu'on garde une ferme résolution face au terrorisme des arguments de l'argent. Alors même que des considérations purement financières, ainsi que les pressions de Bruxelles, qui n'ont pas d'autres motivations, suggèrent aux responsables des chaînes nationales de télévision de remettre en cause le financement du cinéma dont la loi leur fait obligation, les mesures de sauvegarde ont favorisé l'éclosion de talents non inféodés aux pressions du néo-libéralisme, et permis à ceux qui le veulent de continuer à réaliser des films français, dont certains sont de qualité. Comment un tel effort ne serait-il pas poursuivi ? Ses résultats n'apportent-ils pas la preuve qu'il est possible, même si cela requiert le maintien permanent de la vigilance ainsi que le rempart des

lois, de garder en vie une production nationale qui refuse de se soumettre aux échanges de masse uniquement commandés par le profit et indifférents à la qualité ?

Un signe fort encourageant montre que les défenseurs français de la diversité culturelle ne sont pas isolés. Sur les 191 États membres de l'UNESCO, 141 ont approuvé en commission, le 17 octobre 2005, une convention « sur la protection et la promotion de la diversité culturelle », présentée à l'occasion de la trente-troisième Conférence générale de cet organisme. L'initiative de cette convention revient à la France et au Canada, faisant écho à la lutte résolue des créateurs de tous les continents, des personnalités du monde du spectacle, des acteurs, des réalisateurs, tous mobilisés pour défendre le droit à la diversité. L'abstention de nombreux États qui pourtant, comme l'Australie, soutiennent souvent les États-Unis, a presque totalement isolé ces derniers, malgré leur hostilité opiniâtre et le dépôt par eux de vingt-sept amendements (*cf.* le journal *Le Monde* du 19 octobre 2005, d'où sont extraites les citations ci-dessous). Leur hostilité frontale à tout protectionnisme sur ce marché s'explique par le fait que le cinéma est un de leurs premiers postes d'exportation. Face à cette politique s'est manifestée la volonté quasi générale de reconnaître « la nature spécifique des activités, biens et services culturels » et donc le droit qu'ont les États de « conserver, adopter et mettre en œuvre les politiques et mesures qu'ils jugent appropriées » pour les protéger. On appréciera l'importance de cette décision si l'on se souvient que 85 % des billets de cinéma vendus dans le monde profitent à un film hollywoodien. L'Union européenne a défendu ce projet de convention, la Chine et la Russie l'ont massivement soutenu, et il a été l'objet de plaidoiries passionnées des représentants de la Corée du Sud, ainsi que de ceux du Brésil, du Ghana et de la Mauritanie, qui ont affirmé, respectivement : « Sans pluralisme culturel, on étouffe », « c'est la garantie de la survie des cultures minoritaires » et « c'est un véritable antidote à la mondialisation », tandis que le délégué français, membre du groupe d'experts internationaux qui ont rédigé le texte, déclarait que l'on doit y voir d'abord

> « un acte politique. C'est la première fois que la communauté manifeste de façon aussi majoritaire une volonté de mettre un coup d'arrêt à une libéralisation sans frein. [...] Un pays aura le droit de refuser l'ouverture de son marché audiovisuel dans le cadre de négociations commerciales internationales. [L'hostilité américaine vise en fait] davantage la signification politique de la convention que son contenu, l'idée qu'il puisse y avoir un manifeste pour une autre mondialisation ».

En effet, l'article 20 dispose que ce nouveau droit de protection aura la même valeur juridique que l'Organisation mondiale du commerce, puisqu'il s'agit d'une convention, instrument contraignant. On pourrait mentionner aussi les dispositions universelles comme l'Organisation internationale du travail, le protocole de Kyoto (toujours non ratifié par les États-Unis) ou le système pénal international, qui réglementent d'autres domaines, c'est-à-dire, respectivement, le droit social, l'environnement (réduction des émissions de gaz à effet de serre) et les peines. Cependant, il pourrait advenir que la ratification du texte d'octobre 2005, par trente pays au moins, ainsi que la base nécessaire de cette ratification, à savoir le vote des parlements nationaux, prennent trop de temps. Dans ce cas, on peut prévoir que les autorités compétentes des États-Unis recourront à un autre moyen que l'OMC, c'est-à-dire les traités bilatéraux, signés avec des pays aux industries culturelles fragiles, selon la stratégie dite des « dominos ». Celle-ci a déjà, en Colombie, en Équateur, au Pérou, au Honduras, au Nicaragua, en Thaïlande, au Maroc, gravement compromis la possibilité de protéger la liberté du domaine audiovisuel. Washington redoublera de pugnacité pour empêcher la ratification et soutenir l'hégémonie de ses industries culturelles, par exemple en posant pour condition de l'achat de la banane, ou du bois, ou d'autres produits de ces pays, leur ouverture docile aux films de Hollywood.

C'est la France qui a lancé, et qui est parvenue à accréditer auprès des autres pays européens, le combat pour la diversité culturelle. Mais la situation évolue très vite, et il est indispensable de s'adapter. En effet, de nouvelles perspectives ont été ouvertes, à la fin des années 1990, par les innovations numériques. Le résultat de ces dernières est l'accroissement de la convergence entre les productions culturelles et les autres. Cela s'explique par le fait que

> « le numérique transforme [...] les étapes traditionnelles de la production dans les industries culturelles en même temps qu'il crée une nouvelle filière, celle du multimédia. [Il] permet d'envisager de nouvelles formes de distribution à domicile des produits culturels qui reposent sur la dématérialisation des supports et court-circuitent les intermédiaires entre fournisseurs de contenu et consommateur final. [...] Les nouveaux modes de diffusion donnent potentiellement une place décisive à l'utilisateur. [...] Les nouveaux services offerts [pourraient conduire] à une uniformisation des contenus au profit de quelques produits phares – essentiellement américains – surtout si tous les modes de diffusion (câble, satellite, services en ligne sur Internet, etc.) appartiennent au même opérateur. [...] L'exception culturelle ne signifie pas seulement que la culture n'est pas une marchandise comme les autres, mais surtout, de manière plus implicite, que la culture française – et plus largement européenne –, qui a une dimension symbolique dépassant largement son poids dans le PIB, doit être préservée de la culture américaine dominante. [Dès lors, les] réglementations purement nationales deviennent inopérantes, [et la seule solution est d'] établir des règles claires au niveau de l'Union [européenne, et de] lutter dans le cadre de la construction d'une Europe culturelle et politique qui soit une alternative au modèle libéral américain » (Farchy 1999, p. 239-242).

Ce projet, si les Européens ont assez de sagesse et de lucidité pour le mettre en application, donne les moyens de promouvoir, et non pas seulement de défendre, la diversité culturelle du monde. Les initiateurs de l'Union européenne (dans ses formes d'origine) n'ont pas cru devoir commencer par la culture. C'est certainement une erreur, selon le mot qu'on attribue à un des pères de l'Europe, J. Monnet.

Ce qui précède fait bien voir, en effet, que la défense de la diversité culturelle, dans le contexte contemporain de pressions permanentes exercées par les tenants du libéralisme, est aussi un combat contre le temps. Il faut lutter avec autant de résolution que de rapidité pour donner la possibilité aux créateurs de s'exprimer à l'écart du rouleau compresseur d'une culture dominante, y compris dans les pays pauvres, que le néo-libéralisme s'efforce d'enfermer dans un dilemme : oui à l'ouverture des marchés nécessaires à leur économie, mais à condition de sacrifier l'avenir de leur industrie audiovisuelle et cinématographique, c'est-à-dire, en fait, celui de leur culture et de leur mode de vie lui-même. Loin d'être une lutte pour le repli identitaire, c'est ici un combat pour la liberté.

DE QUELQUES FRÉMISSEMENTS DANS LE MONDE DES AFFAIRES

Certains chiffres donnent à réfléchir. Ainsi, parmi les pays majoritairement francophones, 42 % offrent une initiation au français des affaires dans l'enseignement secondaire, 80 % dans l'enseignement supérieur et 70 % en formation continue, sans même tenir compte du

Québec et du nombre très important de ses effectifs scolaires (Lauginie 2004, p. 175). Ce que de tels chiffres laissent apercevoir, c'est que, malgré la forte pression de l'anglais, il ne faut pas céder à la tentation de systématiser, et de méconnaître la complexité des situations.

PRISE DE CONSCIENCE DE LA NÉCESSITÉ D'UTILISER LA LANGUE DE L'ACHETEUR AU LIEU DE L'ANGLAIS

Si l'on tient compte de la totalité des entreprises françaises, et non pas seulement de celles dont les performances et le volume d'affaires sont d'un ordre comparable à ceux des multinationales dominantes, on constate que plus de la moitié de ce total, soit 52,5 %, employaient, au début des années 2000, la langue du pays d'accueil dans leurs négociations commerciales (Lauginie 2004, p. 174). Mais il est vrai qu'il reste un nombre important de grandes entreprises françaises qui, pour exposer à l'étranger leurs produits, n'utilisent que l'anglais. Complexe de francophone convaincu, contre toute évidence, que personne, à l'étranger, ne comprendra sa langue ? Agenouillement devant la prétendue efficacité universelle de l'anglais ? Ignorance méprisante de la personnalité des étrangers auxquels on prétend, pourtant, vendre des produits, sans même faire un effort, fût-il modeste, pour apprendre quelque chose de leur identité culturelle et donc de leur langue ? Absence, commercialement catastrophique et culturellement déplorable, de curiosité à l'égard de l'autre ? On peut espérer que les rebuffades et les échecs auxquels conduit l'attitude commercialement absurde de plusieurs grands groupes finiront par servir de leçon, et par faire comprendre aux marchands français qui n'ont pas mesuré l'efficacité non seulement humaine, mais aussi commerciale, d'un minimum de culture, que l'ignorance ne paie pas, et moins encore la dévaluation de sa propre langue.

Les conséquences de leurs choix apparaissent dans deux situations. L'une est celle où ils affrontent une réaction de déception, et donc de rejet, pour la simple raison qu'une partie de leurs acheteurs éventuels auraient été fiers, précisément, de montrer leur connaissance du français, par exemple en Italie, en Espagne, en Amérique latine, au Proche-Orient, dans certaines villes d'Europe centrale. L'autre situation est celle dans laquelle un concurrent fait mieux, parce qu'il a su montrer une ouverture aux langues. Un témoignage intéressant est le suivant :

> « Je me trouvais à Valence, en Espagne. […] Un salon portant sur le matériel d'irrigation venait de se terminer. Le stand français n'offrait que des notices en anglais, tandis que sur le stand néerlandais qui lui faisait face, on pouvait être informé en néerlandais, en anglais et en valencien ! La fréquentation des deux stands fut en conséquence ! » (Lauginie 2004, p. 176.)

Ce sont des déconvenues de ce type qui semblent avoir contribué, avec d'autres prises de conscience, à modifier le comportement des patrons français les plus lucides. Il est intéressant de noter que, selon la Chambre de commerce et d'industrie de Paris et le Forum francophone des affaires, 37 % des entreprises ne considèrent pas, contrairement à une majorité parmi l'ensemble, que substituer l'anglais au français en tant que langue courante faciliterait leurs activités commerciales. D'autre part, certaines entreprises utilisent le français pour leur communication commerciale avec les pays où l'image de la France est positive dans l'opinion publique, par exemple le Japon, dont la langue, de surcroît, commence à être enseignée au personnel des entreprises françaises qui y ont ouvert, ou souhaitent y ouvrir, un marché. L'enseignement du japonais a été mis au programme d'une action à grande échelle, c'est-à-dire une fusion, en l'occurrence celle de Nissan et de Volvo. Un édifiant contre-exemple est celui de l'échec du mariage entre Renault et Volvo, dont une des raisons pourrait être qu'au lieu d'une formation qu'on avait envisagée, celle des personnels de chaque entreprise dans la langue de l'autre, la décision a été brusquement prise d'un passage généralisé à l'anglais. La seule raison que pourraient avancer les industriels français serait que la formation des personnels dans les langues étrangères qui sont celles des clients avec lesquels on fait commerce prend quelque temps. Mais il ne s'agit là que d'un argument à valeur éminemment provisoire.

À PROPOS DES CRITIQUES LUCIDES DU CONTENU RÉEL DE CERTAINS TERMES COMMERCIAUX INTERNATIONAUX : LA NOTION DE MARKETING

Le choix concerté d'autres langues implique une adaptation à l'acheteur qui est non seulement heureuse du point de vue commercial, mais encore souhaitable du point de vue culturel. Cela s'observe dans un domaine particulier qui est celui du contenu même de certains termes internationaux. Le meilleur exemple qu'on puisse produire ici concerne le plus important d'entre ces termes, celui par lequel s'exprime l'idéologie même qui domine les relations commerciales, c'est-à-dire le terme *marketing*. Les contextes d'emploi de ce vocable évoluent sans cesse, aujourd'hui, parmi les marchands, à travers les notions de « marketing physiologique » (test d'émotions), « marketing viral » (par voie électronique), « marketing réenchanté » (articulé sur l'offre seule et indifférent à la demande) et autres avatars du néo-marketing. Commentant cette évolution, deux spécialistes écrivent (Badot et Cova 2003) : « N'y a-t-il pas, dans tous les cas, une sorte de manipulation de plus en plus fine et habilement organisée du quotidien des consommateurs ? » Dès 1979, la première édition du *Dictionnaire commercial* de l'Académie des sciences commerciales déclarait sans ambages que « marketing » désigne purement et simplement « tout ce qui a trait à la manipulation du marché ».

C'est pourquoi l'on peut préférer à « *marketing* » un terme qui, sur recommandation de la Commission ministérielle de terminologie économique et financière (créée en 1970), a été rendu officiel par un arrêté de février 1987, publié au *Journal officiel* du 2 avril 1987. Ce terme est *mercatique*, qui a l'avantage, dans le lexique du français, de s'intégrer à une série dont tous les membres possèdent le même suffixe, et au sein de laquelle figurent d'autres termes techniques modernes, tels que *bureautique*, *promotique* et *informatique* lui-même, forgé en 1962 par l'ingénieur P. Dreyfus. Cela rappelle, on le notera, que les néologismes dus à l'invention heureuse d'un individu peuvent recevoir la consécration de l'usage : sept années plus tôt, en 1955, s'était imposé *ordinateur*, qui parvint à évincer *computer*, et que venait de forger le latiniste de la Sorbonne J. Perret, sagement consulté par IBM, qui adopta sans tarder le nouveau terme (Hagège 1987, p. 126 et note 2).

Mercatique n'est pas inconnu des milieux du commerce en France, mais il n'est pas encore parvenu à supplanter *marketing*. Or il est intéressant de remarquer qu'en dépit de l'apparence, qui laisse croire que l'un est un simple calque de l'autre, comme c'est souvent le cas pour deux termes, l'un français et l'autre anglais, qui ont la même étymologie et quasiment la même forme, les philosophies qui sous-tendent ces termes sont assez différentes. Dès 1973, bien avant sa reconnaissance officielle, le terme *mercatique* était ainsi défini par deux éminents économistes français, F. Perroux et J. Fourastié (Lauginie 2004, p. 178) :

> « Ensemble des actions destinées à détecter les besoins du consommateur dans une catégorie de produits ou de services et à réaliser l'adaptation continue de l'appareil productif et de l'appareil commercial d'une entreprise aux besoins ainsi déterminés. »

Ainsi, les techniques d'écoute de la clientèle que l'on vise à satisfaire sont clairement distinguées des instruments variés de pression destinés non à adapter les produits à la demande, mais, tout à l'inverse, à faire artificiellement éclore la demande, afin qu'elle s'adapte aux produits qu'une entreprise commence par mettre sur le marché, avec pour seul dessein le profit pur et l'augmentation de son volume d'affaires. Le suffixe *-ique* de *mercatique* réfère à une technique, c'est-à-dire à un savoir que cette technique reflète, alors que le suffixe *-ing* de *marketing* réfère explicitement à des agissements concrets. Ceux-ci, certes, sont loin d'être exclus dans la définition de Perroux et Fourastié, mais la manipulation des acheteurs n'y est pas non plus la fin dernière. La majorité des patrons français, pour l'heure, préfèrent *marketing* à *mercatique*, ainsi que la définition de l'un à celle de l'autre, tant il est vrai que le choix d'un mot apparemment facile à traduire n'est pas toujours innocent, et peut impliquer celui d'une philosophie. Si un nombre croissant de ces patrons adoptaient *mercatique*, et la vision des choses que ce terme recouvre, il n'est pas à exclure que cela introduisît une autre orientation dans le libéralisme sauvage du monde commercial d'aujourd'hui, sans réduire, bien au contraire, l'efficacité des entreprises. À rebours de toutes les affirmations terroristes qui dispensent, ou empêchent, de regarder librement et lucidement la réalité, il se pourrait bien que, comme l'écrit J.-M. Lauginie (2004, p. 173), le monde des affaires soit « celui où, dans l'intérêt même des entreprises, le français aurait un très bel avenir ».

LES ACQUIS ET LES PROMESSES D'INTERNET. LA PROMOTION DU PLURILINGUISME

Selon le cabinet d'études Global Reach, considéré comme bien informé sur les programmes informatiques mondiaux, les messages par Internet rédigés en anglais, qui étaient majoritaires au début des années 1990 mais qui n'ont cessé de décliner depuis, singulièrement dans le courant des années 2000, sont en nombre nettement inférieur, aujourd'hui, à 50 % de l'ensemble des échanges planétaires. Si surprenante que paraisse cette évolution, elle est tout à fait logique : dans la mesure où le réseau ne cesse de s'étendre aux pays les plus divers, il ne cesse de s'ouvrir à leurs langues. L'anglais s'est certes répandu dans le monde entier comme langue de communication, mais non comme langue première : bien que les pays qui en font une matière d'enseignement, car ils pensent ainsi faciliter leur insertion dans la communication internationale, soient de plus en plus nombreux, ces pays sont fort loin d'avoir, pour autant, abandonné leurs langues. Celles-ci sont, en conséquence et d'une manière toute naturelle, les bénéficiaires de l'extension croissante d'Internet. Il faut rappeler que, si l'époque contemporaine est caractérisée par une diffusion quasi universelle de l'anglais comme langue seconde, véhiculaire ou approximativement connue et utilisée, tant bien que mal, dans la communication, il n'en reste pas moins que les locuteurs autochtones de l'anglais, c'est-à-dire ceux qui l'ont pour langue « maternelle », représentent, tous pays anglophones pris en compte, 6 ou 7 % de la population de la planète.

Comme le rappelle Lecherbonnier (2005, p. 103), ce sont les fabricants américains d'ordinateurs qui, eux-mêmes, ont favorisé, dès le milieu des années 1960, cette diversification, et cela tout simplement parce qu'ils ont rapidement compris une réalité simple : dans les pays non anglophones, surtout ceux où l'anglais est à peine ou mal connu, c'est-à-dire, encore une fois, l'écrasante majorité de la clientèle mondiale, le succès commercial des logiciels et des systèmes d'exploitation dépend directement de leur adaptation aux langues les plus diverses, celles-là mêmes qui se parlent là où des marchés sont à conquérir. Les serveurs les plus dynamiques ont choisi la même politique en adaptant, aux langues de leurs clients à travers le monde, leurs informations en ligne et leurs moteurs de recherche. Cela n'était pas davantage un acte de philanthropie ni d'amour de l'originalité des cultures, mais une stratégie commerciale, qui remporta, et continue de remporter, un plein succès, tout en servant opportunément la diversité des langues. La responsable de la section de terminologie et de documentation technique à l'Office des Nations unies à Genève notait récemment (Saint-Robert 2003) :

> « Des tâches de traitement linguistique avancé telles que l'analyse de texte, les capacités de recherche poussée, l'aide à la rédaction et à la traduction, de même que la gestion plurilingue de documents, sont devenues aujourd'hui des réalités sur le marché. Les logiciels peuvent dorénavant détecter dans quelle langue vous écrivez sans que vous ayez à le préciser. Vous pouvez leur soumettre des quantités astronomiques de documents dans toutes les langues dont vous avez besoin et ces systèmes sont à même d'ordonner vos données par langue, pour vous fournir des textes alignés dans les combinaisons linguistiques qui vous intéressent [...]. Nous aurons donc là un moyen de surmonter les barrières linguistiques, tout en ne travaillant que dans notre propre langue. »

Cette ouverture d'Internet aux langues les plus diverses peut se mesurer en considérant les pourcentages d'internautes classés selon les langues dans lesquelles ils communiquent sur la toile. En mars 2004, les chiffres, tous en progression par rapport à 2001, sauf celui de l'anglais, étaient, pour l'anglais, le mandarin, le japonais, l'espagnol, l'allemand, le coréen, le français, le portugais, respectivement, de 35,8 %, 14,1 %, 9,6 %, 9 %, 7,3 %, 4,1 %, 3,8 %, 3,5 % (Saint-Robert 2004, p. 190). Ces chiffres sont plus optimistes, pour ce qui est de l'anglais, que ceux d'un journaliste québécois cité par M. Déchamps (2005), et selon lequel les anglophones ne constituent plus que le tiers des quelque huit cents millions de personnes qui fréquentaient la toile en 2004. On constate également qu'un internaute sur sept est sinophone. On notera, enfin, que le russe est en progression rapide.

La place du français n'est pas ici parmi les toutes premières, mais il apparaît clairement qu'il est un des bénéficiaires de l'expansion des communications par Internet. Ainsi, les communautés francophones de par le monde se sont adaptées à la société numérisée, multipliant les moteurs de recherche, les informations sur les services publics dans des secteurs importants tels que la culture (dont les arts et les sciences), la santé, l'éducation, le droit (notamment communautaire), les codes, lois et règlements, la vie politique, le logement, les spectacles. D'autre part, Internet, en plus des messages publics et privés, offre aux promoteurs du français une tribune précieuse pour faire connaître l'importance de la mobilisation en faveur du plurilinguisme, c'est-à-dire du soutien apporté à l'existence de langues nombreuses et diverses. Certes, les réseaux francophones d'Internet n'échappent pas plus que tous les autres à l'invasion de ce que les commissions de terminologie ont proposé d'appeler « polluriel » ou « pourriciel », c'est-à-dire les innombrables messages indésirables (publicitaires, pornographiques, etc.) qui encombrent les boîtes de réception. Mais cette nuisance ne comporte pas d'autres effets négatifs que les pertes de temps et d'énergie pour se débarrasser des déchets.

L'activité de l'Organisation internationale de la francophonie (OIF) et les voies d'avenir

QUELQUES DATES ET QUELQUES CHIFFRES

Depuis le sommet de l'Organisation commune africaine et malgache à Antananarivo en 1966, en passant par la cérémonie de fondation de l'Agence de coopération culturelle et technique des pays francophones à Niamey en 1970 et par la première, à Versailles en 1986, des conférences bisannuelles des chefs d'État et de gouvernement des pays ayant, sous des formes variables, le français en partage, beaucoup de chemin a été parcouru dans l'organisation d'un espace francophone. Tout cela a conduit à la décision, prise au Sommet de la francophonie, à Hanoï en 1997, de créer une Organisation internationale de la francophonie, dotée d'un secrétariat général. Ces étapes sont connues (pour les étapes initiales, voir Hagège 1987, p. 209-215). Ainsi s'est organisée, en une institution définie par des règles précises, une association de pays francophones dont le nombre, aujourd'hui, avoisine la cinquantaine[1]. Quelle est la situation actuelle, dans le monde, de la langue au service de laquelle a été conçue cette institution, c'est-à-dire le français ?

Avec 220 millions de personnes, dont 70 l'ont pour langue maternelle, 50 pour langue d'éducation et de culture et 100, environ, essentiellement en Afrique, pour langue comprise, ou pratiquée, ou maniée avec des degrés assez variables, et souvent peu élevés, de maîtrise, le français arrive en sixième position, derrière cinq langues ou groupes de variantes d'une langue. Le nombre de locuteurs de ces dernières était, en 1995, de 975 millions pour le mandarin sous ses espèces différentes du nord au sud de la Chine et en Asie du Sud-Est, 478 pour les variantes de l'anglais, 437 pour les diverses formes de hindi, 392 pour l'espagnol et ses normes orales et écrites d'Europe et d'Amérique centrale et du Sud, 225 pour l'ensemble des dialectes arabes occidentaux et orientaux ; après le français, on peut mentionner, pour rester au-dessus de 100 millions, les 200 millions de locuteurs du bengali, les 184 qui pratiquent les normes européenne, brésilienne et africaines du portugais, les

1. À la fin de l'année 2004, le nombre était de quarante-huit États membres et de trois gouvernements membres, ceux de la Communauté française de Belgique, du Québec et du Nouveau-Brunswick. À ces cinquante et un membres s'ajoutaient cinq États observateurs, dont un pays balte, la Lituanie, et quatre pays slavophones d'Europe centrale, méridionale et orientale, la République tchèque, la Slovaquie, la Slovénie et la Pologne.

146 qui utilisent le malais et l'indonésien, en même temps ou non qu'une des nombreuses autres langues d'Indonésie, enfin les 135 et les 115 millions de russophones et de Japonais respectivement. Mais cette position assez favorable du français n'est atteinte, répétons-le, que si l'on inclut dans le décompte un nombre de personnes réputées francophones bien supérieur à celui des locuteurs natifs proprement dits.

L'effort commence par la promotion du français et des autres langues. Dans quelle mesure les moyens et la politique de l'OIF répondent-ils à la nécessité de promouvoir énergiquement le français, pour qu'il étende sa place dans le monde, et serve ainsi, face à la domination de l'anglais, non pas seulement sa propre cause, mais, au-delà et par voie de conséquence logique, celle du plurilinguisme ? Au nombre des suggestions que l'on peut faire, il en est une qui paraît importante. Ce serait d'établir un équilibre entre les frais engagés par la France pour participer au coût de fonctionnement de l'OIF, à l'organisation des sommets, à la rétribution des personnels, et d'autres frais, eux aussi fort importants pour la diffusion mondiale du français.

Ces derniers frais sont de deux ordres. Les uns concernent les lycées français à l'étranger, lieux essentiels et très appréciés d'enseignement et de rayonnement de la langue et de la culture françaises ; certains de ces établissements nécessitent des travaux d'entretien ou de rénovation, sinon de restauration, cependant que d'autres attendent, tout simplement, d'être construits. C'est le cas, en particulier, dans les pays qui ont adhéré à une date relativement récente, et qui, selon que la tradition francophone et francophile y est bien établie, comme en Roumanie (pays membre de l'OIF), ou qu'elle l'est moins clairement, comme en Albanie, Bulgarie, Macédoine, Moldavie (tous pays membres de l'OIF), Pologne, seraient ainsi encouragés à promouvoir le français. Des financements d'un autre ordre devraient également être consacrés, dans de nombreux pays, à l'accroissement des budgets des services culturels des ambassades de France, dont les besoins, en attachés linguistiques, personnel d'enseignement et tous instruments de diffusion du français, sont supérieurs aux moyens qui leur sont alloués. Les Alliances françaises, installées en divers points du globe où elles accomplissent un travail attentif et efficace, méritent, elles aussi, des concours accrus.

La nécessité d'un ajustement des subventions accordées aux autres organismes qui luttent, à travers le français, pour la diversité linguistique ne signifie pas l'oubli du rôle essentiel de l'OIF. Elle n'est certes pas la première organisation de ce type et de cette ampleur, puisque le Commonwealth l'avait précédée en 1931, ainsi que, en 1945, la Ligue arabe, l'un et l'autre étant fondés sur la solidarité que crée l'existence d'une langue commune, et sur ce que cela implique de valeurs culturelles et d'idéologies, elles aussi communes. Mais la fondation de l'OIF a été suivie d'autres fédérations, également inspirées par le partage d'une même langue comme véhicule de modes de pensée homologues, ce qui prouve que l'effort accompli en faveur de la francophonie possède un pouvoir de rayonnement.

C'est ainsi que, depuis 1991, des conférences réunissent au sommet tous les pays hispanophones, de l'Europe à l'Amérique latine en passant par l'Afrique, et même les Philippines, où, pourtant, aussitôt après l'éviction du pouvoir espagnol par les États-Unis en 1898, une politique de substitution généralisée de l'anglais au castillan avait été entreprise sur tout le territoire. De même, dans les années qui ont suivi la dislocation de l'URSS, les anciennes républiques soviétiques d'Asie centrale, Azerbaïdjan, Kazakhstan, Kirghizstan, Ouzbékistan, Turkménistan, ont organisé avec la Turquie des sommets de pays musulmans et turcophones, auxquels s'est joint également, bien qu'iranophone, le Tadjikistan. En 1996, les pays lusophones, c'est-à-dire, en plus du Portugal et du Brésil, quatre États africains, ainsi que Timor oriental dans la dernière des îles situées à l'est de Java, se sont fédérés en une communauté linguistique, animée en outre par des projets politiques, économiques et culturels.

Toutes ces associations montrent assez l'influence de l'exemple que donnent les pays francophones unis par le français à tous ceux qui, sur les cinq continents, ont reconnu, dans le langage comme faculté humaine unique, et dans l'une ou l'autre des langues qui l'incarnent, le ciment d'une série de solidarités qui plaident en faveur de la variété du monde et défient l'homogénéité culturelle et l'abrasion des singularités. De même qu'au XVIIIe siècle le prestige du français n'empêchait pas, mais encourageait plutôt, la floraison des autres langues, de même, aujourd'hui, la francophonie est un acte en faveur du multiculturalisme et du plurilinguisme. Par contraste avec cette capacité d'incitation de la francophonie, l'anglophonie, du fait des valeurs que le monde contemporain assigne à l'anglais, met en demeure les autres langues de réduire leur territoire.

IMPORTANCE CAPITALE DE LA FRANCOPHONIE COMME SEULE OPTION MULTICULTURALISTE FACE À LA MONDIALISATION. NÉCESSITÉ DE NE PAS NÉGLIGER LA FRANCOPHONIE EN FAVEUR DU « TOUT-EUROPE »

Pour pouvoir consolider les acquis essentiels de l'entreprise francophone, beaucoup reste à faire. En dépit du modèle fécond que propose l'OIF face à la domination de l'unilinguisme, il faut rappeler que la solidarité linguistique entre les membres de l'association des pays francophones ou demandeurs de français n'est, malgré son importance, qu'un des facteurs nécessaires. Comme l'écrit D. Wolton (2005, p. 191),

> « une langue commune ne suffit pas à faire une communication interculturelle s'il n'y a pas par ailleurs un *projet* pour faire le lien avec les différences ethniques, culturelles, religieuses ».

Le projet francophone peut avoir un grand avenir si l'importance des enjeux est bien perçue. La francophonie est née du schéma révolu de la colonisation, et pourrait donc apparaître, si l'on se satisfait de stéréotypes, comme une survivance du passé sous un autre visage. Cette vue s'exprime, par exemple, chez ceux qui y voient « une construction artificielle, à mi-chemin entre le ridicule et l'odieux » (cité *in* Aurillac 2004). Or ce qui se produit actuellement est le contraire même de cela. La raison principale en est que la francophonie n'a justement pas été construite par la France coloniale, mais au contraire par ceux-là mêmes qui venaient de négocier avec elle leur indépendance (Hagège 1996, p. 138-143) et qui retenaient un des principaux outils que la présence française leur avait donnés, celui, précisément, qu'ils avaient utilisé pour la combattre : l'idéal universaliste.

La francophonie commence à devenir, mais devrait être de plus en plus, aujourd'hui et demain, une des énergies d'impulsion dans des domaines importants : la révolution de la communication, l'émergence des problématiques modernes d'identité culturelle, la pression du modèle démocratique et de celui de tolérance religieuse sur les pays en voie de développement dont le passé ne présente pas, ou guère, de références à ces modèles. Ainsi, le projet francophone devrait acquérir une dimension qui aille bien au-delà de la langue, puisqu'elle intégrerait une construction politique et une entreprise de développement durable. Mais les langues ont tout à y gagner : le français comme moyen de communication entre pays membres, et les autres langues en tant que bénéficiaires d'un projet qui aurait réussi pleinement à incarner la diversité. Il faut aussi que les grandes entreprises françaises se déprennent de l'illusion que l'anglais est indispensable à leur fonctionnement, et reconnaissent qu'il n'y a de vraie mondialisation qu'à travers la diversité, et non dans l'attitude qui singe le modèle économique américain et s'abstient d'en inventer d'autres.

Les sommets francophones les plus récents ont souligné cette participation à l'effort de solidarité en faveur du multiculturalisme (Lewin 2004). Celui de Beyrouth, en 2002, a été consacré au dialogue des cultures. On notera que le chef de l'État algérien y a assisté, alors que son pays, du fait du contentieux lié aux graves affrontements de la guerre d'indépendance, n'est pas, bien que largement francophone, membre de l'OIF. Le sommet de Ouagadougou, en 2004, s'est réuni sur le thème du développement durable. Les convictions agissantes qui s'investissent dans ces entreprises laissent penser que, même si les pays les moins favorisés parmi ceux qui composent l'OIF ne peuvent pas nourrir de visées exclusivement culturelles et escomptent, logiquement, quelque profit économique de cette solidarité, la langue française peut d'autant moins y perdre que, si elle demeure demain une langue à vocation mondiale, ce ne sera pas grâce à la seule France, mais par le concours des pays francophones. Il existe, à ce propos, de nombreux organismes dans lesquels la France n'est qu'une des parties prenantes, et qui, dans la mesure où leur prolifération ne disperse pas l'effort de promotion du français, sont engagés dans des actions de toutes sortes. On peut rappeler, notamment, l'Agence intergouvernementale de la francophonie, l'Association internationale des professeurs de français, l'Association européenne des diplômés français de l'enseignement supérieur, le collectif Actions pour promouvoir le français des affaires, sans compter les organismes plus ponctuels, comme l'Association pour la promotion de la francophonie en Flandres, et bien d'autres de ce type.

Selon Wolton (2005, p. 192),

> « comme l'hispanophonie, la lusophonie, l'arabophonie, c'est-à-dire les autres aires culturelles qui traversent les continents, la francophonie est un élément de diversité culturelle indispensable de la mondialisation ».

Elle l'est peut-être davantage encore que ces autres regroupements culturels, car elle s'étend aux cinq continents. Cela met la francophonie en mesure de donner un contenu réel à la mondialisation, au-delà des considérations de pur profit dont celle-ci est le prétexte, utilisé par les grandes firmes multinationales. Ou, plutôt, cela offre la possibilité de proposer, face au rêve américain, dont le type actuel de mondialisation est la forme contemporaine, un autre rêve, altermondialiste et surtout humaniste, mot fort, que certains délicats jugent suranné, mais que ne craignait pas d'employer le plus grand inspirateur de la francophonie, L. S. Senghor. Il est l'auteur de la formule célèbre qui, en 1962, la définissait comme « cet humanisme intégral qui se tisse autour de la Terre ». Mais, pour que les promesses de la francophonie se réalisent pleinement, c'est une évolution des schémas de pensée qui est nécessaire, et en particulier en France. La France est idéalement, aujourd'hui, un pays membre de l'OIF à égalité avec les autres. Même si elle est le berceau historique du français et si F. Braudel avait quelques raisons de considérer que « la France, c'est d'abord la langue française », la France n'est pas propriétaire du français en exclusivité. Pourtant, les attitudes et les réactions françaises ne peuvent manquer d'avoir une valeur symbolique pour tous les autres membres.

Or il existe un paradoxe de l'idéologie française d'aujourd'hui. C'est, en effet, la France des philosophes, et des révolutionnaires nourris de leur lecture, qui a inventé au XVIIIe siècle le concept moderne d'universalité. C'est la France qui a porté l'universalité comme un flambeau destiné à illuminer une Europe où le modèle dominant des monarchies était celui de sociétés de clôture, tournant le dos aux contenus universels comme ceux des droits de l'homme et de la tolérance religieuse. Mais, par un surprenant revirement, c'est la France qui, aujourd'hui où la diversité culturelle l'habite et la met en demeure de s'y adapter, ne s'ouvre guère à la richesse que cela représente et aux chances que cela lui donne pour proposer un modèle vraiment valide d'universalité. L'engagement de la France dans la construction européenne et la fascination du modèle américain réduisent les enthousiasmes français pour la cause francophone, pourtant pourvoyeuse de moyens efficaces de diversité culturelle. Or, comme l'écrit M. Guillou (2005, p. 9),

> « l'urgence est évidente [...]. Le choix actuel de la France du "tout-Europe" au détriment de la francophonie [...] est un sujet d'inquiétude. Dans ces temps de mondialisation, on n'attend pas ceux qui ratent les trains ».

LES COMMUNAUTÉS D'IMMIGRÉS EN FRANCE, FACTEURS DE DIVERSITÉ

La présence d'importantes communautés d'immigrés en France est, sur le sol national lui-même, un facteur de diversité. La deuxième génération, souvent née en France, est avide de reconnaissance, sinon de considération, et tentée par l'affirmation violente ou l'extrémisme religieux quand cette demande n'est pas satisfaite. Une solidarité objective, bien que traversée d'incertitudes, lie, avec ces communautés, celle des Français d'outre-mer qui, vivant en métropole, s'y trouvent fréquemment marginalisés. Mais il est vrai que ces derniers ne posent pas à la république le problème communautaire que posent les populations d'origine maghrébine. L'anticommunautarisme républicain et laïc, qui est une composante importante, et non nécessairement condamnable, de la mentalité politique française, n'a pas encore permis d'inventer les formes qui permettraient un dialogue fécond et une ouverture réelle à la diversité. La conséquence linguistique est claire. Les créoles antillais, et surtout l'arabe, dont l'étude fut jusqu'à la fin du premier tiers du XXe siècle le fait d'une école française d'arabisants renommés, n'ont pas en France la place que devraient leur valoir leur importance et leur contribution à la diversité. Les langues africaines de l'ancienne Union française comme le ouolof, le haoussa, le peul, le mandingue, le bambara, le baoulé, le songhay, le mooré, l'éwé, la sangho, pour ne citer que certains des idiomes et ensembles dialectaux qui ont le plus grand nombre de locuteurs, sont enseignées à l'Institut national des langues et civilisations orientales, mais devraient faire l'objet d'une promotion.

Les enfants des familles d'origine maghrébine et d'Afrique subsaharienne qui sont venues en France à la recherche d'un travail et de conditions de vie meilleures que dans leurs pays d'origine sont loin d'être tous tentés par l'extrémisme et la violence. La langue française revêt, pour nombre d'entre eux, bien davantage que pour beaucoup de Français de souche, certains des aspects d'un but que l'on idéalise. Cela n'empêche pas qu'ils aient inventé un mode d'expression de leur identité, l'argot verlanisé des cités (voir ci-dessous « La norme écrite, les francophonies et l'image du français »). Mais, en même temps, ils sont tentés par l'acquisition des signes de l'identité française, vus comme facteurs de promotion sociale et culturelle, même s'ils se heurtent à un rejet de la part de certaines composantes de la société française. Ils sont loin de méconnaître le français, ou d'éviter son emploi dans les circonstances qui l'appellent (Hagège 1996, p. 164-167). Ils ne rêvent pas nécessairement d'imiter le mode de vie américain, et leurs parents n'ont pas les moyens ni le désir de les envoyer étudier dans les écoles et les universités des pays industriels anglophones. Leurs droits linguistiques sont donc ceux de communautés demandeuses de français, qui entendent affermir et défendre leur compétence de francophones, et ne peuvent pas, par conséquent, être les complices, ni partager les pulsions d'américanisation, des Français qui font à l'anglais, dans de nombreux domaines de leurs activités, une place croissante. À ceux-là l'identité nationale ne pose aucun problème, et certains sont aveugles aux risques que l'on prend lorsqu'on renonce à nourrir les racines de cette identité. Où il apparaît que, pour la langue française, les groupes qui pourraient détenir les clés de l'avenir ne se recrutent sans doute pas seulement parmi les éléments de vieille citoyenneté française, mais aussi parmi les immigrés de deuxième génération.

La prise en compte plus attentive des langues africaines et de l'arabe, ainsi que l'intérêt pour leurs usagers, ont d'autant plus d'importance que tous ceux d'entre eux qui possèdent la nationalité française, et pour qui cette identité est une conquête et non un donné naturel ou de naissance, sont logiquement plus soucieux des valeurs françaises. Les élites francisées d'origine maghrébine, souvent lettrées en arabe également, ont acquis par souci identitaire une forme parfois assez raffinée de français. Une bonne partie des élites appartenant à la communauté juive cultivent de la même façon le français. Ces groupes de francophones s'apparentent aux élites cultivées de souche française, chez qui demeure toujours vivant le sentiment de la personnalité culturelle de la France, et qui n'ont cessé, ni ne cessent, de se battre pour la rappeler à ceux qui l'oublient, ou n'en ont pas même connaissance. Par là même, les élites francisées d'origine maghrébine et africaine se différencient non seulement des Français moyens travaillés par le snobisme et l'engouement « moderniste » pour la culture d'outre-Atlantique, mais aussi des élites financières et industrielles qui singent les marques illusoires de sa puissance.

En plus de l'association des pays francophones et des populations immigrées, il existe un troisième facteur de diversité culturelle et linguistique qui mériterait une considération beaucoup plus grande de la part du pouvoir politique et des Français métropolitains, ou du moins une plus grande curiosité de ce que sont leurs cultures. Il s'agit des collectivités d'outre-mer, qui vivent, notamment, en Amérique et en Océanie. La diversité linguistique de ces territoires est considérable. Pour ne citer que quelques exemples, on trouve le futunien, le marquisien, le tahitien, le wallisien en Polynésie, vingt-neuf langues dites « kanak » en Nouvelle-Calédonie, ainsi que le palikur, le wayampi, le galibi et d'autres langues caraïbes en Guyane française. Beaucoup d'habitants de ces territoires sont bilingues, connaissant le français en plus de leur langue vernaculaire. Ils enrichissent la francophonie d'éléments qu'il convient de ne pas négliger.

Avec de tels facteurs de diversité, la France devrait, dans le monde contemporain, apporter à la mondialisation la contribution la meilleure qui soit, celle qui passe, précisément, par la diversité. Pour être en mesure de le faire, il faut que la France accepte de voir dans ses communautés immigrées non un risque pour l'identité nationale, mais une occasion d'ouverture sur l'universalité. Enfin, un danger redoutable est à conjurer : la fascination du modèle américain pourrait avoir pour effet de décourager les amis du français, en les conduisant à se demander pourquoi ils s'investiraient dans l'illustration de cette langue, alors que les Français eux-mêmes s'en soucient si peu.

LES FORMES MODERNES DU FRANÇAIS ET LA VOCATION UNIVERSELLE

Le français étant, avec l'anglais, l'allemand, l'espagnol, une des langues d'Europe à vocation fédératrice (Hagège 1992, première partie), et d'autre part la langue autour de laquelle se sont regroupés tous les adhérents de l'OIF, il est utile de s'interroger sur ses formes modernes. L'idée s'est peu à peu fait jour ces dernières décennies, même si elle n'est pas encore tout à fait accréditée, que la norme littéraire de France ne peut pas demeurer l'unique référence des francophones à travers le monde. Cela signifie que la tendance à considérer que la forme souhaitable du français est dictée par les élites intellectuelles de Paris tend à évoluer, notamment à mesure que l'on prend conscience, surtout dans les milieux littéraires, de la participation remarquable des auteurs de la francophonie autre que française.

Le problème, en fait, est plutôt de distinguer entre norme écrite et usages oraux. Il est utile que la norme écrite soit plus ou moins établie, pour servir de référence unifiée, tout comme une des forces de l'anglais actuel est que, par-delà les variations importantes des usages oraux, la langue écrite tend, comme on l'a vu (chapitre 2), à demeurer la même et à être employée partout dans les déclarations politiques publiées, dans les actes de traités, dans les correspondances officielles, etc. La différence entre la norme écrite et les usages parlés est une caractéristique de la plupart des langues qui possèdent une tradition littéraire bien établie. Cette différence ne s'estompe que lorsque l'usage parlé de certains locuteurs se rapproche de la norme écrite, ce qui n'est le cas, pour toutes les langues concernées, que dans les milieux éduqués, et que soulignait Vaugelas quand, dans ses *Remarques*, il écrivait (1647, I, p. 13-14) :

> « Le mauvais usage se forme du plus grand nombre de personnes, qui presque en toutes choses n'est pas le meilleur. Le bon au contraire est composé de l'élite des voix. [...] C'est la façon

de parler de la plus saine partie de la Cour conformément à la façon d'écrire de la plus saine partie des auteurs du temps. »

Comment définir une forme écrite unifiée du français d'aujourd'hui ? Une façon simple de répondre à cette question est d'examiner les formulations orales qui ne sont pas, à l'étape actuelle de l'évolution de la langue, intégrées à cette norme, et qui contribuent donc à la caractériser négativement.

SUR LES USAGES ORAUX EN FRANÇAIS DE FRANCE

Un grand nombre de tournures du français parlé en France aujourd'hui par la majorité des francophones (mais non par tous) sont condamnées par les puristes. Du point de vue, plus neutre, de l'histoire de la langue, elles attestent le foisonnement des formes innovantes ou expressives, souvent liées à un défaut d'analyse, ou la longévité de celles qui sont héritées du passé, ou encore l'influence des modèles d'autres langues.

L'évolution de la langue peut en venir à masquer la structure d'une expression, les usagers cessant de l'analyser selon la logique de son sens. La quête d'expressivité, moteur essentiel de l'évolution, conduit à remplacer les mots inconsciemment jugés trop courts par d'autres, qui disent la même chose mais ont plus de substance phonique, comme le *tout à fait* substitué au simple *oui*, ou le *rentrer* qui, dans tous les cas où le français écrit utilise *entrer*, est censé donner à ce dernier, même quand le sens n'est pas de répétition[2], une force, articulatoire et acoustique, plus grande, grâce à la consonne vibrante *r*, qui, en position initiale avant voyelle, est très clairement audible. De même, *sur*, qui est constitué de trois phonèmes, tend à supplanter le *à* locatif, monosyllabique. Il semble même l'avoir évincé dans les registres les plus courants du français parlé, puisque l'on y trouve un nombre considérable d'énoncés où domine l'emploi de *sur*, comme *il travaille sur Paris*[3], en marge de l'usage prescrit par la norme : *il travaille à Paris.*

---

2. Cet emploi de *rentrer* remplaçant *entrer* est probablement assez ancien. Pour s'en tenir au XXe siècle, on lit dans Marcel Proust, *À la recherche du temps perdu* (collection de la Pléiade, I, p. 799) : « [...] ayant un engagement pour une partie plus chaude de la côte, il aurait voulu que nous partissions tous le plus tôt possible afin que l'hôtel fermât et qu'il eût quelques jours à lui avant de *rentrer* dans sa nouvelle place. *Rentrer* et *nouvelle* n'étaient du reste pas des expressions contradictoires, car pour le lift, *rentrer* était la forme usuelle du verbe *entrer.* » Certains notent que, « si la fonction principale du préfixe *re-* et de ses variantes est de marquer la répétition d'une action, il peut également servir de simple renforcement. Tantôt les verbes simples ont disparu et il reste les dérivés (*remercier, renforcer, raccourcir, ralentir, rétrécir*), tantôt les deux formes restent en concurrence : *remplir-emplir, rallonger-allonger, redoubler-doubler* » (*La Lettre* du Comité supérieur de l'audiovisuel, 2001).

3. Toutefois, les cas de substitution peuvent s'expliquer par d'autres causes que phoniques quand il s'agit des prépositions, chapitre complexe, morphologique et sémantique à la fois, dans les langues qui en possèdent, et matière ancienne de doctes débats (que l'on songe à Voltaire fulminant des vitupérations, en 1767 [1983, VIII, p. 822], contre l'usage de *vis-à-vis*). Ainsi, c'est pro-

C'est le même besoin d'un épaississeur phonique qui peut expliquer la prolifération, dans le dialogue contemporain, de *en fait*, vidé de son sens classique, à savoir *en réalité* ; cet emploi de *en fait* permet également de combler un vide ou de reprendre son souffle.

---

bablement la pression sémantique d'expressions telles que *croire en Dieu* ou *croire en quelqu'un*, qui explique la fréquence, dans les salutations épistolaires, de formules comme *En espérant vous lire bientôt, veuillez croire* ***en*** *l'assurance de nos meilleurs sentiments*. Il ne s'agit pas dans cet exemple, il est vrai, de langue parlée, mais ce genre de formule est beaucoup plus courant chez les usagers qui présentent le plus d'emplois propres à la langue parlée, car ils sont ceux chez qui la norme grammaticale est le moins pratiquée, ainsi que l'atteste, dans cette phrase, l'assignation d'un même sujet à *espérant* et à *veuillez*, qui ont des sujets distincts. Les usagers plus proches de la norme écrite dans leur style parlé ont ici *En espérant vous lire bientôt, nous vous prions de croire à l'assurance de nos meilleurs sentiments*. On remarquera que l'inventivité des locuteurs n'est pas bridée par les difficultés que présentent les prépositions, puisqu'au contraire la langue parlée en crée ou en recharge un certain nombre, où figure, par exemple, le groupe prépositionnel *au niveau (de)*, signifiant « en ce qui concerne » et fort répandu aujourd'hui parmi les très nombreux usagers qui lui trouvent de la distinction, comme dans *au niveau fromages, je préfère le livarot* ou *au niveau culottes, c'est le magasin en face*. L'expérience prouve, en outre, que les amants de *au niveau de* ne confondent pas nécessairement *sur la lune* et *dans la lune*, ni *en secret* et *au secret*, ni *mettre à jour* et *mettre au jour*. Ce sont pourtant eux, également, qui construisent *se rappeler* avec *de* (par analogie avec *se souvenir*) ou, pour les plus doctes, *vitupérer* avec *contre*, au lieu de l'emploi transitif direct, qui est en principe la norme pour ce verbe.

Le besoin d'expressivité conduit également à renforcer les négations sans tenir compte de l'effet d'annulation que l'une peut exercer sur l'autre. De là des tournures telles que *vous n'êtes pas sans ignorer*. Le sens que l'on veut exprimer ici est « vous savez », qui appelle *vous n'êtes pas sans savoir*. Mais cette dernière formulation est sentie comme trop faible, d'où la double négation, qui aboutit au sens contraire, puisque *vous n'êtes pas sans ignorer* veut dire « vous ignorez ». De même, dans *il est revenu trempé, faute de ne pas avoir prévu un parapluie*, les éléments *faute de* et *ne pas* disent l'un et l'autre le manque de prévoyance dont il s'agit ; mais, au lieu de se renforcer, ils s'annulent, alors que le sens souhaité est celui du français écrit *faute d'avoir prévu* ou bien *pour ne pas avoir prévu*.

Un autre domaine est celui du figement d'un des éléments d'une structure complexe, qui produit des énoncés à double expression d'un même sens, comme *c'est de cela dont il s'agit* (senti comme élégant...), au lieu de la tournure de la norme écrite : *c'est de cela qu'il s'agit* ou, moins couramment, *c'est cela dont il s'agit*. Le figement du relatif *dont* peut s'expliquer par le fait qu'il constitue un instrument au maniement difficile pour les usagers qui ne l'ont pas souvent rencontré à l'écrit ou à l'oral. En effet, *dont*, c'est-à-dire « de qui » ou « duquel/de laquelle », occupe dans la norme française la position inverse de celle à laquelle sont habitués les francophones : au lieu d'être placé, comme *de*, après les éléments dont il introduit le complément, par exemple dans *j'ai lu le livre d'un grand auteur* ou *il nous a parlé de ce voyage*, le mot *dont* précède ces éléments, d'où *un grand auteur dont j'ai lu le livre* ou *ce voyage dont il nous a parlé*. La même raison qui rend difficile l'emploi de *dont* chez la majorité des locuteurs s'applique à l'emploi de *en*. Ce mot, en effet, constitue aussi, en langue littéraire, une exception à la séquence française la plus courante, c'est-à-dire déterminé + déterminant. De là des emplois comme *j'en aime son goût agréable*, qu'on entend, et qu'on lit dans la presse, plus souvent que *j'en aime le goût agréable*, tournure considérée comme la norme.

Une autre manière de résoudre la difficulté d'emploi de *dont* est de le remplacer par *que*, comme dans les expressions du type *c'est ce que j'ai peur* ou *c'était pas ce qu'elle avait parlé*, courantes chez les locuteurs moins scolarisés. Pourtant, *que* est ici tout comme *dont*, on le notera, un mot occupant une position non courante, puisqu'il représente un complément qui précède également le verbe qui le gouverne. Mais *dont* est plus complexe, car il inclut une relation par *de*, et n'est pas un simple complément d'objet. La difficulté que constitue l'antéposition de *que* est depuis longtemps, en français parlé, une des causes du relâchement de l'accord. Les normes écrites de l'espagnol, et surtout de l'italien, ont consacré l'usage oral, qui a renoncé à l'accord, alors qu'en français littéraire, l'accord est maintenu : *la robe qu'elle a mise*, *les choses que j'ai dites*, et les structures comme *la robe qu'elle a mis*, *les choses que j'ai dit*, etc., courantes depuis plusieurs siècles en style oral, ne se sont pas introduites.

La tendance à la réduction de l'accord illustrée par ces formules du français parlé est très générale. Elle s'observe, notamment, dans de nombreux cas où ses motivations paraissent sémantiques. Ainsi, la pression du sens singulier du *un* de *un des* suggère à beaucoup d'usagers un singulier (accord par syllepse, disent les érudits), comme dans *c'est une des décisions la plus importante qu'il a pris* ou *c'est une des villes que je trouve la plus belle*, tournures du français parlé que l'on rencontre souvent aussi à l'écrit, et qui diffèrent de celles de la norme classique, où l'on trouve *c'est une des décisions les plus importantes qu'il ait prises* et *c'est une des villes que je trouve les plus belles*[4]. Un autre cas est celui où l'accord avec le mot le plus proche est remplacé par l'accord avec celui qui porte le sens principal, comme dans la tournure *un espèce de roman*, qui est assez fréquente en français parlé, et fait apparaître *espèce (de)* non plus comme le nom féminin qui requiert l'accord en genre avec le numéral, mais

4. *Un de ces* paraît imposer le singulier dans l'exclamation admirative ou péjorative du français parlé *c'est un(e) de ces... !* On entend le plus souvent *c'est un de ces travail !*, par exemple à propos d'un objet fabriqué avec talent ou d'une entreprise dont on souligne la complexité, chez des usagers qui emploient couramment, dans d'autres contextes, le pluriel *travaux*.

comme une sorte de classificateur qui ne bloque pas l'accord de ce numéral avec le nom suivant. Damourette et Pichon (1911-1927, tome premier, p. 658) citent de nombreux exemples, tous appartenant au dialogue familier, comme « quelles grandes diables de mains rouges » (V. Hugo), ou « j'en avais un purée de jeu ! » (repartie d'un joueur de piquet). Mais, en dépit de tous ces cas de réduction, l'accord demeure important en français, sauf peut-être lorsque son application pourrait produire des incongruités, comme l'accord des mots d'un titre avec l'adjectif qui suit : la plupart des locuteurs éviteront, par exemple, « Les Deux Orphelines *sont plus épaisses que* Les Trois Mousquetaires ».

Un domaine foisonnant de tournures caractéristiques du français parlé est celui des hypercorrectismes, c'est-à-dire des expressions employées parce qu'elles paraissent élégantes et qui sont ou bien archaïques ou bien sans attestation en langue écrite. On rencontre ainsi *faut-il encore* (en emploi non interrogatif) là où la norme écrite utilise *encore faut-il*, ou bien *loin s'en faut* au lieu de *il s'en faut de beaucoup* dans la norme, ou encore *quelle ville est-elle la plus belle ?* au lieu de *quelle ville est la plus belle ?*, ou enfin, au lieu de *tout au moins* ou *du moins* dans la norme, l'expression *tout du moins* (qui pourrait résulter de l'interférence entre *du moins* et *tout au moins*). Les locuteurs attachés à ces formulations sont souvent aussi ceux qui trouvent de la grâce aux euphémismes à la mode, préférant, par exemple, à *obésité* et *nanisme*, leurs équivalents plus flatteurs (et combien plus légers !) *surcharge pondérale* et *verticalité contrariée.*

LA NORME ÉCRITE, LES FRANCOPHONIES ET L'IMAGE DU FRANÇAIS

Ce qui vient d'être appelé, dans le paragraphe précédent, français littéraire, ou norme écrite ou langue classique, et qu'on a défini en examinant un grand nombre d'usages du français parlé de France qui s'en différencient, est, dans les faits, la langue dont tendent à se servir tous les francophones dès qu'il ne s'agit pas de communication orale. Au-delà des usages originaux d'écrivains qui enrichissent le français par des apports nouveaux, on peut soutenir sans grossière inexactitude qu'il existe une norme unifiée du français écrit.

Avec la norme écrite du français coexistent un grand nombre d'usages oraux, dont on n'a illustré ci-dessus, pour ce qui concerne la France, qu'un des aspects. L'argot doit également être mentionné, quand ce ne serait que pour son rôle dans l'histoire de la langue. En effet, la coexistence de la norme écrite et des usages oraux ne signifie pas qu'il n'y ait pas entre eux, depuis longtemps, des passerelles, ainsi qu'en témoignent les emprunts dont l'argot est pourvoyeur : *abasourdir*, *amadouer*, *camoufler*, *maquiller* pour citer quelques verbes, ou *grivois* et *narquois* pour citer deux adjectifs. On mentionnera aussi le verlan, code parlé où les syllabes des mots sont permutées, ou, à l'époque contemporaine, la combinaison de l'argot et du verlan avec des emprunts arabes, africains, antillais, ensemble complexe sur la base duquel les usagers issus de l'immigration produisent les langues des cités. Il s'agit d'idiomes à valeur d'affirmation revendicatrice, où abondent les créations à la fois ludiques et cryptiques (Goudaillier 1997, Hagège 1997), bien qu'il y ait lieu de tempérer les dithyrambes d'usage, que l'on s'accorde ou non avec ce qu'en dit M. Zink (1998, p. 135) :

> « À quoi bon polémiquer une fois de plus avec ceux qui prétendent découvrir dans la langue des banlieues l'expression d'une culture vivante et riche, marquée du sceau de la créativité ? C'est une insulte à ceux qui subissent un sort qu'on ne voudrait pas partager que de les en féliciter. C'est une fausse humilité et une vraie vanité que de feindre d'attribuer à cette inventivité prétendue un mérite [... qui] est tout entier dans l'interprétation qu'on lui donne. »

Certains écrivains, notamment antillais et africains, donnent dans leurs livres un nouveau visage au français, dans la mesure où ils en font le véhicule de cultures exotiques, et où leur vocabulaire reflète souvent cette appropriation recréatrice. Cela est vrai aussi, quoique dans une moindre mesure, pour les écrivains maghrébins. Mais il en existe bien d'autres, et la liste des francophonies orales autres que françaises, toutes originales par les apports locaux chaque fois différents dont elles enrichissent la langue, devient fort longue si l'on y inclut les usages qui, de l'Amérique à l'Océanie en passant par l'Afrique, se rencontrent en bien des lieux : en Wallonie, en Suisse romande, en Acadie, en Louisiane, à Québec, Montréal[5], Port-au-Prince, Fort-de-France, Pointe-à-Pitre, Cayenne, Rabat, Casablanca, Oran, Alger, Tunis, Dakar, Conakry, Bamako, Abidjan, Ouagadougou, Niamey, Lomé, Cotonou, Yaoundé, Libreville, Bangui, Ndjaména, Brazzaville, Kinshasa, Kigali, Bujumbura, Djibouti, Antananarivo, Saint-Denis de la Réunion, Port-Louis de l'île Maurice, Nouméa, Port-Vila, Papeete, etc. En devenant ainsi une langue transversale aux cultures les plus diverses, ce qu'il n'était pas du tout au temps où Rivarol, dans son *Discours* (1784), exaltait son universalité, le français évolue vers le statut d'une langue à plusieurs centres, et n'est plus le véhicule figé d'une culture unique.

Quant à la langue écrite commune, en principe, aux habitants de tous les lieux de francophonie quand ils choisissent d'écrire en français, elle n'appartient pas davantage à la France qu'à un autre pays francophone. C'est celle que l'école doit enseigner et que, du reste, elle enseigne effectivement, dans tous les pays francophones, pourvu que les personnes chargées de cette mission

---

5. Les belgicismes, helvétismes, québécismes, notamment, que l'on trouve dans les parties dialoguées d'œuvres écrites, et qui reflètent les usages parlés de ces francophonies variées, font partie des richesses du français, tout comme les termes et les tournures d'origine créole qu'utilisent les écrivains martiniquais, guadeloupéens, guyanais, haïtiens, réunionnais, mauriciens, etc.

d'éducation sachent résister à une tentation qu'alimente la démagogie ou l'ignorance des frontières de la norme. Cette tentation peut pousser à aller au-delà de l'écoute attentive, et évidemment nécessaire, des productions langagières de l'oralité, entendues chez les écoliers, collégiens et lycéens. Il n'y a pas lieu de faire de ces productions mêmes une matière d'enseignement. Chacun sait, y compris les écrivains et les linguistes professionnels les plus opposés à l'attitude normative, que l'école a pour vocation de transmettre la norme, et que c'est ce qu'en attendent les familles et les élèves.

On peut, évidemment, faire de cette situation une critique inspirée par une autre idéologie politique et sociale, comme P. Bourdieu, qui écrit (1982, p. 58) :

> « En tant que marché linguistique strictement soumis aux verdicts des gardiens de la culture légitime, le marché scolaire est strictement dominé par les produits linguistiques de la classe dominante. »

Mais, qu'on l'admette ou non, telle est la situation objective, et cela d'autant plus que les usagers des formes orales du français aspirent, dans la plus grande partie des cas, à acquérir une connaissance de la norme, quand ce ne serait que pour le profit professionnel qu'ils en attendent.

Cela ne signifie pas qu'on doive cultiver une langue figée. Il suffit de consulter les fascicules du *Dictionnaire* de l'Académie française pour savoir que cette institution, qui a reçu pour ministère d'être la gardienne de la langue, est ouverte aux nouveautés, dès lors qu'elles ont reçu une assez large approbation parmi les représentants les plus sûrs de l'usage. C'est à un temps bien révolu qu'appartiennent les réactions de conservatisme timoré comme celle que dénonçait V. Hugo, en 1827, dans la *Préface de Cromwell* :

> « C'est en vain que nos Josué littéraires crient à la langue de s'arrêter ; les langues ni le soleil ne s'arrêtent plus. Le jour où elles se fixent, c'est qu'elles meurent. – Voilà pourquoi le français de certaine école contemporaine est une langue morte. »

LE FRANÇAIS, LANGUE « ÉLITISTE » ?

On considère souvent que le passé du français littéraire lui donne vocation à être une langue de culture plus qu'une simple langue de communication. On juge même parfois que, dans divers pays, surtout européens, depuis le XIIIe siècle en passant, surtout, par l'époque classique, le statut social des usagers du français écrit, et de sa forme parlée élégante, qui était en vogue dans les cours et les milieux aristocratiques, dessine la physionomie d'une langue « élitiste ». Certains, loin de regretter cette situation du français, lui en font une vertu. Ainsi, M. Zink (1998, p. 136) :

> « L'essentiel est que le français conserve et accroisse la richesse héritée de tous ceux qui le pratiquent depuis maintenant plus de dix siècles et de tous ceux qui auparavant pratiquaient le

latin dont il est issu. L'image du français dans le monde est une image élitiste. Ne devons-nous pas nous en réjouir plutôt que nous en désoler ? Qu'aurons-nous gagné quand nous aurons réussi à le transformer en *pidgin* et que nous aurons échoué, bien sûr, à faire de ce *pidgin* une vraie langue de communication ? Combien, au contraire, nous aurions gagné si tous ceux qui parlent et écrivent le français à travers le monde, tous ceux dont le français est la langue et tous ceux qui ont fait le difficile effort de l'apprendre partageaient assez intimement sa mémoire et du même coup le parlaient et l'écrivaient assez bien pour faire à chaque instant résonner, pour à chaque instant amplifier tout ce qui s'est dit et écrit de beau dans cette langue et qui l'a modelée ? »

Ce point de vue est à nuancer, en dépit de son intérêt. Tenter de faire acquérir au français une diffusion mondiale encore accrue, qui lui vaille davantage de pouvoir face à la domination de l'anglais, ce n'est certainement pas le transformer en pidgin, et on ne voit pas de quelle façon précise un tel processus pourrait se dérouler. Par ailleurs, si l'on définit les élites en termes économiques comme les groupes d'individus qui détiennent la richesse et la productivité, et en termes politiques comme ceux qui possèdent le pouvoir, alors considérer le français comme « élitiste », c'est méconnaître la force motrice, et même la capacité critique, et souvent subversive, que lui confèrent les très nombreux textes auxquels il a prêté sa voix, et qui, depuis plusieurs siècles, singulièrement le XVIIIe, sont ceux de révolutionnaires et d'adversaires des autorités établies. Ces derniers n'appartiennent pas aux élites, puisqu'au contraire, ils les récusent. Leur existence devrait tempérer la sévérité de ceux qui, à l'étranger, s'insurgent, non sans quelque exagération, contre « l'image de vanité et d'arrogance » (Andersson 2004, p. 81) que porterait parfois le combat en faveur de la langue française.

D'autres jugent qu'en réalité, le débat est ici entre langue de culture et langue de communication. Ainsi Taillandier (2004) :

> « Le français continue d'apparaître comme une langue plus fortement que toute autre liée à une littérature, à une pensée critique, à une culture. Le français ne semble jamais être devenu ce qu'est aujourd'hui l'anglais, une pure langue véhiculaire débarrassée de toute référence à un enracinement historique et à une forme de civilisation. S'il est perçu ainsi, si cette perception est réelle, cela veut dire que ce n'est pas l'*anglais* qui s'oppose au *français*, lequel aurait perdu une prévalence qui lui serait due on ne sait au nom de quoi. L'enjeu aujourd'hui en Europe, ce serait l'idée qu'on se fait d'une langue : doit-elle être un simple instrument de communication immédiate et pratique ? Ou l'accès à un passé, à un patrimoine, à ce que pensèrent et sentirent d'autres avant nous ? Si l'on choisit cette question, et si l'on choisit la seconde réponse, alors oui, on peut défendre le français, en sachant qu'avec lui on défend toutes les langues. Y compris l'anglais. »

En fait, aucune langue n'est « un simple instrument de communication immédiate et pratique », ou plutôt, seuls deux mécanismes d'échange linguistique autre qu'écrit répondent à ce besoin. L'un est la communication par mots accompagnés et renforcés de beaucoup de gestes, telle qu'elle se déroule entre deux personnes qui utilisent pour dialoguer une langue mal connue de l'une des deux, ou des deux. On hésitera à dire que le mécanisme ainsi utilisé soit une langue au plein sens du terme. L'autre cas est celui des pidgins, c'est-à-dire, précisément, des instruments d'échange nés aux lieux de contacts, notamment les marchés dans les villes de l'Afrique subsaharienne, où se mélangent des communautés très diverses, utilisant une version très simplifiée de la langue de l'une d'entre elles. La plupart des linguistes considèrent qu'il s'agit ici d'une forme de langue que l'on répute élémentaire. Il est intéressant de noter que certains des défenseurs du français appellent « pidgin » l'anglais international utilisé pour répondre à l'urgence communicative dans les rencontres entre personnes dont chacune ne parle que sa propre langue.

En réalité, l'anglais n'est pas le produit d'une situation comparable à celles dans lesquelles sont nés les pidgins. L'emploi de toute langue implique une participation à certains, au moins, des schémas de pensée dont elle a été, et dont elle est aujourd'hui, le vecteur. Tout ce qui a été dit plus haut sur le lien entre le discours libéral et la langue anglaise le montre clairement. La seule différence entre le français et l'anglais, sur ce point, est le fait qu'à ses moments de rayonnement, le français portait des discours littéraires plus souvent qu'économiques, et qu'aujourd'hui l'anglais international porte des discours économiques plutôt que littéraires. On ne voit pas pourquoi la promotion du français à l'époque contemporaine ne devrait pas accréditer de plus en plus cette vérité : **le**

français possède tout ce qui est nécessaire pour exprimer le monde des affaires et des échanges internationaux entre les grandes entreprises, et il n'y a pas lieu d'en laisser le soin à l'anglais seul. Le français ne perd nullement, pour autant, sa tradition de langue « liée à une littérature, à une pensée critique, à une culture », selon la formulation de l'auteur cité ci-dessus.

En d'autres termes, plutôt que de s'agripper au pré carré d'une langue « élitiste », les amoureux de la littérature française classique et de sa langue élégante et raffinée doivent se convaincre que les grandes œuvres produites par cette littérature ont justement, par les thématiques qu'elles illustrent et par la forme qu'elles prennent, une vocation qui dépasse la France. Servir le français, c'est ne voir aucune contradiction entre cet acquis historique du français et la capacité qu'il possède d'exprimer le monde moderne. Il ne s'agit pas ici de vœux pieux. Des actions concrètes sont à conduire dans un grand nombre de domaines.

L'image du français est aussi souvent, parmi les collégiens et étudiants, à l'étranger, celle d'une « langue pour les filles ». Pour ne citer qu'un exemple, on utilise encore, pour enseigner le français à l'étranger, des manuels comme ceux où se trouvent, au chapitre des épreuves de compréhension du français pour les élèves du cycle III, des phrases aussi indispensables et non-sexistes que *Roxane fait monter les blancs en neige.* Les services culturels des ambassades de France dans les pays étrangers devraient réclamer des instruments de travail autres que ceux qui, comme l'illustre cet exemple, semblent répondre à l'étrange besoin d'encourager un phénomène souvent noté : les filles sont plus nombreuses à choisir le français que les garçons, attirés par les études scientifiques, et donc par l'anglais, qui en est le principal support.

Enfin, l'exigence normative pourrait être tempérée. Les témoignages sont nombreux d'étrangers ayant du français une connaissance très satisfaisante et qui, pourtant, hésitent à s'en servir, car ils redoutent les écarts par rapport à la grammaire ou les prononciations repérées comme étrangères, et plus encore l'invitation absurde, sinon scandaleuse, de « parler plutôt en anglais » qui leur est faite, notamment lors de prises de parole en public, par leurs auditeurs français. Ils se serviront spontanément de l'anglais avant d'en venir à cette situation, car ils savent que, chez la plupart des anglophones natifs, et *a fortiori* chez les non-natifs, on ne risque pas de se heurter à une tradition de rejet normatif ou à une réaction d'intolérance. Les anglophones n'ont pas, en matière de langue, le perfectionnisme que l'on considère parfois comme un trait de la personnalité française. Afin de conjurer le péril de désaffection de la part des étrangers, qui est une réelle menace pour le français, il importe de mettre beaucoup de discernement dans la manière de les aider à utiliser le français, ce qui ne signifie en aucune façon qu'il faille leur enseigner un français fautif, ni, moins encore, l'encourager.

Définir la personnalité linguistique de l'Union européenne : une seule langue ou plusieurs ?

L'ANGLAIS COMME LANGUE UNIQUE DE L'EUROPE ? POUR QUELS BÉNÉFICIAIRES ?

Les signes favorables au plurilinguisme dont on vient de faire état devraient-ils suggérer que l'Union européenne le consacre comme étant le meilleur choix pour son fonctionnement en matière de langues ? Il n'est pas déraisonnable d'envisager une réponse positive à cette question. Et pourtant, c'est une idée bien différente qui semble s'être accréditée, depuis quelque temps, avec la figure de l'évidence : celle selon laquelle l'Union européenne devrait adopter, pour son propre fonctionnement, une langue unique. Depuis l'adhésion du Royaume-Uni en 1973, l'anglais, déjà soutenu par le fait qu'il est la langue de la première puissance mondiale, a occupé une place de plus en plus forte, mettant fin à la situation privilégiée du français, qui avait caractérisé la période précédente, depuis la première ébauche d'une Communauté politique européenne, qui apparut en 1953, avec un Conseil exécutif, un Parlement et une Cour de justice. Cette situation privilégiée s'expliquait alors par divers facteurs. D'une part, le français avait encore, au début de la construction européenne dans les années 1950, le prestige d'une langue depuis longtemps utilisée dans les relations internationales ; sa préséance comme langue diplomatique avait, certes, été remise en cause lors du traité de Versailles, en 1919, quand Clemenceau s'était incliné devant la demande de Wilson et Lloyd George, tous deux désireux d'adjoindre une version anglaise (Hagège 1996, chapitre 6). De surcroît, l'épisode de Vichy n'avait pas été sans conséquences sur le prestige du français. Mais ces raisons n'avaient pas suffi à compromettre sa vocation internationale. Un deuxième facteur, précisément, recommandait encore le français : le rôle principal dans la construction de la Communauté européenne du charbon et de l'acier, forme initiale, apparue en 1952, de la collaboration entre États d'Europe occidentale soucieux de tirer les leçons de la Seconde Guerre mondiale, était tenu par la France et l'Allemagne, cette dernière hésitant évidemment, dans le contexte de l'époque, à plaider pour la promotion de sa langue. Un troisième facteur, enfin, servait le français : c'étaient des capitales, ou de grandes villes, largement francophones, à savoir Bruxelles, Luxembourg et Strasbourg, qui étaient choisies, dès le début, comme sièges des institutions et organes de la construction européenne.

Que le français soit ou non en voie d'être supplanté par l'anglais, on peut se demander si la notion même de langue unique pour l'Union européenne a un sens. Dans la mesure où la construction d'un marché mondial où les barrières protectrices disparaîtraient les unes après les autres est la manifestation d'une idéologie ultra-libérale dont les thuriféraires sont les grandes entreprises anglophones, l'anglais est en position de force. Mais en quoi une telle situation suffit-elle à légitimer le projet de langue unique pour l'Europe ? Ce projet sert-il la communication internationale, ou sert-il les profits des groupes les plus puissants ? Faut-il défendre les intérêts d'une poignée de producteurs ou ceux de plusieurs centaines de millions de consommateurs ? En effet, le total des citoyens des États membres était, au début de l'année 2004, de 378 millions environ, et, sur ce total, 61 millions seulement ont l'anglais pour langue maternelle, cependant que, parmi tous les autres, soit 317 millions, sa pratique réelle, orale autant qu'écrite, est très variable.

On ne peut pas considérer, à l'heure actuelle, que l'anglais soit connu comme une langue maternelle par les élèves, de plus en plus nombreux en Europe, qui suivent les cours des écoles où s'enseigne l'anglais des affaires, ces écoles, on le notera par ailleurs, représentant un des secteurs les plus florissants de l'économie britannique. De plus, en admettant que ces candidats à l'apprentissage deviennent des locuteurs anglophones de bon niveau, ils ne constituent, malgré leur nombre important en soi, qu'une infime minorité des Européens. La conséquence directe de cette situation est que l'anglais devient un facteur de discrimination entre ceux qui, l'ayant pour langue maternelle, le connaissent suffisamment pour accéder à des emplois convoités dans de grandes entreprises qui en font une condition de recrutement, et, à l'opposé, tous les autres, qui se voient fermer les portes de ces entreprises. Cette inégalité devient même un cas d'infraction relevant des tribunaux, comme on a pu le voir dans chacune des circonstances où la Commission ou le Conseil de l'Europe ont été attaqués pour avoir favorisé explicitement, dans les annonces de vacances de postes, les candidats de langue maternelle anglaise, au lieu de faire droit à tout citoyen européen qu'une fonction à Bruxelles pourrait intéresser (Phillipson 2004, p. 93). Un autre aspect aisément visible de cette inégalité est la présence massive, dans l'édition scientifique et dans les débats entre spécialistes, d'auteurs anglophones, puisque ceux qui n'ont pas un maniement sûr de l'anglais préfèrent souvent s'abstenir. Il n'en va pas autrement sur le marché de l'emploi. Un troisième aspect favorable, en l'occurrence, aux anglophones concerne les messages écrits à travers lesquels se feraient tous les échanges entre pays de l'Union, et qui seraient soumis à l'obligation d'être en anglais, ce qui signifierait que les anglophones natifs seraient les seuls, en Europe, à n'avoir besoin d'aucun investissement de temps, ni d'argent, pour la traduction.

À l'inégalité face aux textes écrits s'ajouterait l'inégalité face à la prise de parole dans une négociation, une contestation ou un débat public (congrès scientifiques, entrevues, rencontres de presse, etc.), car les non-anglophones, du fait de l'insécurité et du trouble où les mettrait leur insuffisante compétence, seraient menacés d'une incapacité à donner leur vraie mesure. Au contraire, les anglophones n'auraient plus vraiment besoin, au moins dans leurs activités professionnelles, d'apprendre les autres langues européennes, et l'économie ainsi réalisée dans le système scolaire permettrait à la Grande-Bretagne d'accroître l'investissement dans les autres matières, durant tout le cursus des élèves et jusqu'aux recherches de pointe. On peut déjà percevoir les effets de ces économies si l'on considère qu'aux États-Unis, la réduction constante de l'enseignement des langues étrangères au cours de la scolarité légale, c'est-à-dire avant l'université, permet une épargne que l'on peut évaluer à 16 milliards de dollars, soit (Grin 2004, p. 103) plus du triple du budget annuel de la National Science Foundation, organe qui apporte de substantiels financements à la recherche scientifique. Autant dire que **le consentement des pays non anglophones à la promotion de l'anglais en tant que langue internationale officielle** non seulement coûterait à ces pays des sommes considérables, mais **ferait d'eux**, en outre, **des agents indirects du financement de la croissance américaine.**

On peut se demander, enfin, si l'enseignement généralisé de l'anglais instaure une meilleure communication internationale, et s'il ne conforte pas plutôt la domination d'une certaine idéologie économique et culturelle, qui s'exprime en anglais dans la mesure même où son ambition est inspirée par le modèle des pays anglophones.

LES AUTRES CHOIX : PLURILINGUISME, TRILINGUISME OU SYSTÈME DE RELAIS

Ce qui est vrai de l'anglais le serait de toute langue commune unique, s'il se trouvait qu'une autre bénéficiât de la situation de primauté dont il profite aujourd'hui. En réalité, le droit à la différence, la force de façonnement identitaire par l'histoire, l'investissement culturel et d'autres facteurs qui définissent ce que représente une langue pour une communauté humaine, tout cela semble rendre naturelle et évidente une seule solution : le plurilinguisme. Son choix correspond au désir d'égalité de traitement pour toutes les langues de l'Union, et il n'oblige donc pas les parlementaires à apprendre une langue étrangère s'ils ne le souhaitent pas. On voit cependant que ce système, qui est, en soi, idéal car totalement équitable, se heurte à d'importants obstacles pratiques. De coûteuses installations de traduction simultanée deviennent partout nécessaires, sans lesquelles aucune communication directe n'est théoriquement possible, à moins que, dans un dialogue entre deux individus par exemple, l'un se trouve avoir connaissance de la langue de l'autre ou que tous les deux parlent une tierce langue à vocation internationale.

Une langue à vocation internationale, mais qui ne soit pas l'anglais, c'est là une solution qui ne rallie certes pas tous les suffrages. Elle ne ferait que déplacer au profit d'une langue autre que l'anglais tous les avantages consentis aux Européens qui seraient ses usagers de naissance, solution évidemment inéquitable pour tous les autres. En revanche, on peut se demander s'il n'y aurait pas lieu de prendre en considération un autre choix, qui ne serait pas celui d'une, mais celui de deux, ou plus de deux, langues internationales. Deux possibilités se présentent ici. La première serait de sélectionner, parmi les langues de l'Union, toutes étant réputées langues officielles de l'Europe, deux ou trois langues fonctionnant comme pivots et s'inscrivant au sein d'un mécanisme d'interprétation-relais, dont la forme serait donc, dans cette hypothèse, celle d'un « triple relais » (Pool 1996 et Grin 2004, p. 100 ; voir aussi Fidrmuc, Ginsburgh, Weber 2005). Une telle option multiplierait par trois le nombre de directions de traduction et d'interprétation. Mais cette difficulté disparaît si l'on envisage l'autre possibilité, qui est de choisir trois langues officielles, auquel cas, en outre, les coûts de traduction impliqués par la solution plurilingue, qu'on a examinée au paragraphe précédent, sont diminués du fait que trois langues ne seraient plus à traduire.

Reste à justifier ce choix de trois langues officielles de l'Europe, et surtout à le faire admettre par les Européens dont la langue maternelle n'est pas une de ces trois. Le critère le plus important est la vocation internationale des trois langues choisies. Il semble que l'anglais, le français et l'allemand soient les langues qui répondent à ce critère. Il est inutile de répéter ici les arguments qui désignent l'anglais, puisque ce sont ceux que l'on expose dans le présent livre, pour montrer que, précisément, ils ne suffisent pas pour justifier que l'anglais soit seul. En ce qui concerne le français, on rappellera qu'il a connu, durant son histoire, au moins trois périodes de rayonnement en Europe et au-delà, ainsi qu'on l'a vu au chapitre 1. En outre, l'adhésion d'une cinquantaine de pays, dont certains européens, à l'association des francophones confère au français, comme on vient de le voir, une assise mondiale importante. C'est à un autre titre que l'allemand est également une langue de diffusion internationale, en particulier au sein du continent européen, et par deux biais. L'un est la force, notamment entre 1230 et 1466 dans le nord de l'Europe, lors des croisades qui imposèrent les chevaliers Teutoniques et Porte-Glaive (Hagège 1992, p. 59-60), et au XXe siècle, avec la soumission de vastes territoires à l'ordre nazi. L'autre est le commerce, répandant les productions d'une industrie allemande puissante et réputée. Ainsi, l'Europe centrale, orientale et baltique est depuis longtemps pénétrée et traversée de larges courants germanophones. On pourrait certainement ajouter l'espagnol aux langues européennes à vocation internationale, même si l'Europe n'a guère été sa zone d'expansion. L'italien possède assez d'importance culturelle pour être lui aussi envisagé comme un choix possible. Mais il y a lieu de craindre qu'un système de cinq langues officielles ne paraisse trop lourd.

Cette Europe linguistiquement tripolaire ou quadripolaire serait-elle une injustice pour les langues autres que celles qu'on réputerait officielles ? Du moins serait-elle véritablement européenne, et ne deviendrait-elle pas une terne réplique des États-Unis. En outre, cette multipolarisation est le moyen même de défense le plus sûr de toutes les langues de l'Union européenne. Car bien plus que l'unilinguisme généralisé, cette diversité leur promet une attention particulière à leur propre diversité.

L'ESPÉRANTO

La langue inventée par L. L. Zamenhof, et qu'il présenta dans son fameux manuel *Lingvo Internacia* (Langue internationale) de 1887, à savoir l'espéranto, est la seule des langues artificielles qui ait connu un succès réel, et qui, aujourd'hui encore, continue d'être l'objet de réunions régulières de ses fidèles, au cours desquelles elle est utilisée pour la communication entre des personnes venues du monde entier, et qui ne pourraient s'entretenir sans cette connaissance commune. Les seize règles, en principe sans exceptions (Hagège 2005d), qui, à travers divers aménagements durant les cent dix-huit ans de son existence, continuent d'en être la base, en font certainement, ainsi que le soulignent ses partisans, une langue facile à apprendre assez vite. Il existe différentes associations d'espéranto, ainsi que des musées, des bibliothèques, des académies, des programmes de stations de radio (ceux-ci, notamment, aux États-Unis, au Canada, en Chine, au Brésil, en Pologne, en France, en Belgique, en Italie, à Cuba, en Finlande, en Lituanie, en Estonie).

De nombreux savants, des linguistes également (on trouvera une liste dans Centassi et Masson 1995, p. 381-387), ont exprimé des opinions favorables à l'espéranto. Il aurait, par rapport à toute autre langue, l'avantage important de n'être la langue d'aucune nation, de n'être celle d'aucun État politiquement institué, et donc de ne pas impliquer la moindre domination. De plus, sa vocation est celle d'une langue auxiliaire, qui n'a pas pour but de se substituer à aucune autre. Dans cette mesure, l'espéranto est sans doute l'un des meilleurs alliés du plurilinguisme. Un courant existe (Piron 1994, Flochon 2000, Grin 2004) qui se fixe pour but de promouvoir l'espéranto comme langue ayant vocation d'être celle de l'Union européenne. Ce courant n'a pas, jusqu'ici, rallié un nombre suffisamment important de personnalités influentes. Le reproche souvent fait à l'espéranto de ne refléter aucune culture dans laquelle un usager puisse se reconnaître, comme quand il s'agit de sa langue maternelle, ou à travers laquelle il identifie, comme quand il ne s'agit pas de la sienne, des valeurs auxquelles il croit, est certainement un obstacle. Mais le problème est de savoir, pour ceux qui sont partisans d'une langue unique de l'Union européenne, si cette langue doit être un instrument ou un miroir. Pour ceux qui ne croient pas à une langue unique, ce problème, évidemment, ne se pose même pas.

CHAPITRE 4

Le français et la promotion de la diversité linguistique

Durant les trente dernières années, une politique dynamique de promotion de la langue a été d'abord conduite en France, suivie, à une étape ultérieure, par un certain désengagement, coïncidant avec la puissance croissante de l'économie libérale et de sa langue, l'anglais. Il convient que l'État reprenne l'initiative, notamment dans le secteur de l'école, dont il faut faire une tribune du plurilinguisme, et plus généralement dans le domaine culturel. Une prise de conscience des chercheurs peut favoriser cette évolution. La conjugaison de tous ces moyens est de nature à enrayer la spirale du libéralisme, qui ne peut être qu'une menace pour la diversité des langues.

La politique de la langue en France durant les quarante-cinq dernières années

ATTITUDE RÉSOLUE JUSQU'AU MILIEU DES ANNÉES 1990

Les débuts et la progression rapide, à partir du milieu des années 1990, du mouvement en faveur de la mondialisation, c'est-à-dire en réalité de l'ouverture croissante du marché mondial aux productions des États-Unis, coïncident avec un relâchement de la politique de promotion, et même d'offensive, en faveur du français. C'était là, pourtant, une assez ancienne tradition française. Elle fut maintenue et développée avec force durant tout le temps que le général de Gaulle fut au pouvoir (1958-1969). Une grande partie des élites françaises faisait largement écho à cette détermination. Il suffit, pour s'en convaincre, de rappeler deux déclarations significatives. L'une est de lui-même, et porte la marque de l'acuité visionnaire légitimement prêtée, dans bien des cas, à son auteur :

> « Avant trente ans, si nous n'y prenons pas garde, on ne parlera plus qu'américain dans les organisations internationales. Et nos diplomates seront les premiers à s'y plier devant les micros et les caméras ! » (cité *in* P. de Gaulle, 2004, p. 2).

L'autre est d'A. Sauvy, qui dénonçait dans les années 1960 « la désertion de la langue par les Français ».

Cet épisode a été étudié en détail ailleurs (Hagège 1987, p. 108-129). Rappelons seulement que, comme on peut s'y attendre, les mots d'exécration de R. Étiemble à l'égard du franglais, contamination du français vue comme étape préliminaire à son éviction pure et simple, et notamment son principal et plus célèbre ouvrage, *Parlez-vous franglais ?* (1964), sont exactement de cette même époque, qu'avaient précédée d'autres anathèmes, par exemple de P. Lalanne et de R. Georgin, tous deux en 1957. Cette même année eurent lieu deux événements corollaires. D'une part est fondé alors l'Office du vocabulaire français, qui reprenait une initiative de grammairiens prise vingt ans plus tôt, et, d'autre part, la revue *Vie et langage*, jusque-là indépendante, devient l'organe officiel de cet office (Hagège 1987, p. 111, 121). La fondation de l'Office illustrait très exactement une caractéristique française attestée tout au cours de l'Histoire : **la langue, en France, est une affaire politique.** L'élan ne s'arrêta pas là. En 1966 fut créé par le Premier ministre G. Pompidou, sous l'autorité du général de Gaulle, le Haut Comité pour la défense et l'expansion de la langue française, qui élabora dès 1972 ce qui devait devenir, le 31 décembre 1975, la loi Bas-Lauriol. Au terme de cette dernière, l'emploi du français était rendu obligatoire dans les échanges commerciaux, la publicité et les contrats de travail ; une circulaire d'octobre 1982 étendit ces dispositions aux étrangers exportant en France leurs produits, et un décret de mars 1983 imposait aux établissements d'enseignement et de recherche dépendant de l'État l'emploi des terminologies créées par les commissions officielles.

La ratification du traité de Maastricht, dans la mesure même où elle donnait une impulsion forte à la construction européenne, eut pour effet de mobiliser les promoteurs du français, regroupés dans l'association Avenir de la langue française, en les conduisant à convaincre les politiques d'ajouter dans la Constitution française, puisque le traité en postulait la révision, le fameux article 2, alinéa 2. Celui-ci stipule : « La langue de la République est le français. » C'était là une disposition absente de la Constitution de 1958, pourtant fondatrice de la Ve République, car les menaces sur le français, quoique bien perçues dès cette époque, n'avaient pas pris la dimension qu'elles devaient prendre trente-quatre ans plus tard. Aux termes d'une autre disposition : « La République participe à la construction d'un espace francophone de solidarité et de coopération. » Cette disposition n'eut pas le même succès. Rien n'exclut, néanmoins, que les efforts de l'association Avenir de la langue française ne parviennent un jour à la faire adopter également (Lecherbonnier 2005, p. 169).

Quoi qu'il en soit, il apparut vite aux promoteurs du français qu'il convenait, dans le sillage de ces actions, de renforcer la loi Bas-Lauriol, en voie d'obsolescence par défaut d'application. C. Tasca, ministre de la Culture, élabora un projet de loi, sur lequel elle lança une consultation auprès de diverses instances. L'une d'elles était le Conseil supérieur de la langue française, dont je me trouvais alors être membre, et qui contribua à la mise au point du projet, notamment lors d'un séminaire sur le thème « La langue et la loi », tenu en décembre 1992 (Hagège 1996, p. 149-155). Le changement de majorité consécutif aux élections législatives de mars 1993 eut pour effet que le projet fut repris par J. Toubon, ministre de la Culture et de la Francophonie, qui fit voter par l'Assemblée nationale puis par le Sénat, les 30 juin et 1er juillet 1994, la mesure désormais dite loi Toubon, « relative à l'emploi de la langue française ». Cette loi est inspirée par l'idéal démocratique consistant à reconnaître à tout citoyen le droit d'être informé dans sa langue. D'autre part, elle étend à de nouveaux domaines la portée de la loi Bas-Lauriol : codes du travail, examens et concours, marques de fabrique, règlements intérieurs des entreprises. Une autre caractéristique est qu'elle déclare expressément dès son premier article que « la langue française est le lien privilégié des États constituant la communauté de la francophonie ». Enfin, elle est assortie de sanctions civiles en cas de transgression : cinq mille francs si les contrevenants sont des personnes physiques et vingt-cinq mille francs si ce sont des personnes morales.

DÉSENGAGEMENT PARTIEL DE L'ÉTAT DEPUIS LES DERNIÈRES ANNÉES DU XXe SIÈCLE

Sept des vingt-quatre articles de la loi Toubon ont été censurés le 29 juillet 1994 par le Conseil constitutionnel, et cela… au nom de la liberté d'expression, inscrite dans la Déclaration des droits de l'homme de 1789 ! Il s'agit, en particulier, de l'obligation d'emploi du français dans les règlements et contrats, les messages publicitaires, les annonces publiques, les distributions de produits et de services, les organes de diffusion des résultats des travaux de recherche scientifique ayant sollicité une subvention de l'État. D'autre part, le Conseil constitutionnel a annulé l'obligation générale d'utiliser les termes créés par les commissions ministérielles de terminologie, ce qui ouvre un champ plus vaste encore aux termes anglais, y compris dans les grandes entreprises françaises, comme la Société nationale des chemins de fer.

Déjà vidée d'une partie de sa substance par l'autorité gardienne des dispositions légales en France même, la loi Toubon est, de surcroît, menacée par les offensives permanentes des industriels, bien que, jusqu'à présent, les instances de Bruxelles considèrent encore que le consommateur ne doit pas être induit en erreur sur les produits achetés. Il y a lieu de croire, en effet, que les industriels s'efforceront, par tous les moyens, de faire reconnaître à la Cour de justice des Communautés européennes que la

« langue facilement comprise par l'acheteur », dont la Cour autorise les États à exiger l'emploi comme langue de présentation des produits, ne peut être que l'anglais. Celui-ci, au reste, est déjà omniprésent dans l'affichage, comme dans la publicité, écrite autant que télévisée, ainsi que le montrent, de la rue aux écrans et des établissements publics à la route, d'innombrables formules dont la jungle épaisse ménage au consommateur sans défense mille occasions de trébucher ! (Lecherbonnier 2005, p. 184-190, en cite beaucoup d'exemples.)

Les transgressions répétées, souvent agressives et quasiment sans sanctions, de la loi Toubon ne sont qu'une sorte de prélude à l'attitude qui prévaut depuis une dizaine d'années. L'État s'est de moins en moins engagé dans la promotion du français, et son comportement est, assez logiquement, reflété par celui de ses grands commis, lesquels, tout comme lui, sont fascinés par le modèle américain. Ils se distinguent nettement, sur ce point, de ceux de la génération qui accompagna les deux septennats de F. Mitterrand, et cela d'autant plus que les dirigeants des grandes écoles qui les ont formés les uns et les autres, s'ils étaient fiers, naguère, du nombre de personnalités éminentes qui en étaient sorties, sont pour la plupart convaincus, à présent, de la supériorité des formations d'outre-Atlantique. Dès lors, leur idéologie est directement opposée à tout protectionnisme, non seulement, bien entendu, en matière de marchés, mais même en matière de langue.

Les ministres du général de Gaulle redoutaient ses colères contre ceux qui, dans l'exercice de leurs fonctions, s'étaient exprimés en anglais. Les ministres d'aujourd'hui n'ont rien à craindre de tel quand, à l'occasion de conférences de presse, de réunions internationales, de discours dans les universités, ils utilisent l'anglais, soit parce qu'ils se piquent de donner une image de modernité, soit parce qu'ils se sont convaincus que l'usage du français ne confère plus de prestige. Ce n'est pas un des moindres paradoxes de la droite française actuelle que de continuer à se considérer (de moins en moins ouvertement, il est vrai) comme l'héritière du gaullisme, alors que la politique gaulliste de promotion offensive de l'identité française et des valeurs nationales dans tous les domaines n'a à peu près rien à voir avec la soumission docile d'aujourd'hui à l'ordre libéral régnant. On pourrait en dire autant, en fait, d'une grande partie de la gauche française, à ceci près que, si elle se réclame, à l'occasion, d'un impératif de souveraineté nationale, elle ne l'impute pas ouvertement au gaullisme. De quelque bord que l'on soit, en fait, les propos nationalistes, telles des outres vides, n'ont plus d'autre visée qu'électorale, et, dans le cas particulier de la langue, la promotion du français n'est plus un souci, si elle n'est pas, même, considérée comme une entreprise rétrograde, ou, pis encore, hostile. Pourquoi mériterait-elle un combat, alors qu'elle est soupçonnée de dresser un obstacle sur la voie de la mondialisation, dont la langue, l'anglais, est la seule qui ait un poids parmi les dirigeants des organes dominant le monde économique : grandes banques et grandes entreprises multinationales, fonds de pension, associations d'actionnaires des plus puissants groupes mondiaux ?

Que, sous la pression de la mondialisation, et gagné par ses mirages, l'État n'ait plus en France, aujourd'hui, la politique linguistique offensive d'autrefois, c'est ce que deux déclarations peuvent suffire à attester. Dans un article récent, où il propose une explication du comportement des électeurs français dont la majorité a rejeté, en mai 2005, le projet de Constitution européenne, P. Nora (2005) souligne que la France est une notion patrimoniale, et que le pouvoir politique n'en tient pas compte autant qu'il conviendrait. Pour cet auteur, la langue « est certainement un élément fondamental de l'expression nationale ». Il ajoute :

> « Il aurait été sans doute possible, surtout avec l'élargissement, de faire du français la langue de référence des traités européens. Le monde juridique international s'y montrait favorable. Il a manqué la volonté politique au plus haut niveau. »

Une autre déclaration concerne le cas particulier des Jeux olympiques, et plus particulièrement ceux d'Athènes (août 2004), où son auteur, H. Bourges, était grand témoin de la francophonie. On peut y lire :

> « Remobiliser la France et les pays francophones pour défendre la langue française n'est pas un combat d'arrière-garde

[…]. Il s'agit d'un combat moderne et positif. La France manque de volonté dans la défense de sa langue » (cité *in* Durand 2004, p. 118).

Se guérir de la morosité, du doute sur soi-même, de la crise d'identité et du snobisme qui s'ensuit

LE SENTIMENT D'UNE DÉPOSSESSION PAR RAPPORT AU RAYONNEMENT DE LA LANGUE ET À LA PUISSANCE. LA CRISE DE CONFIANCE ET LE SNOBISME

L'absence actuelle de véritable politique culturelle offensive ne s'explique pas seulement par le renoncement au combat face à la promotion très active de l'anglais et à l'attitude des grandes entreprises qui croient favoriser leurs affaires en donnant à ce dernier une place de choix. Elle s'explique également par une psychologie qui règne en France aujourd'hui, et qui pourrait être une cause profonde de ces attitudes de défaitisme ou de scepticisme quant aux pouvoirs du français. Cette psychologie est-elle induite par une faiblesse de la France sur le plan économique ? On ne saurait le dire, puisque la France est au rang des pays les plus riches et les plus industrialisés, et que, d'autre part, parmi les autres terres de francophonie, le Québec, la Wallonie et la Suisse romande sont loin d'être des entités pauvres ou sous-développées. Et le fait que ce soient les pays anglophones, et singulièrement les États-Unis, qui aient aujourd'hui le plus de poids économique dans le monde n'empêche nullement la France de tenir un rang élevé.

La morosité et l'absence actuelle de confiance dans l'avenir sont probablement dues, dans la France d'aujourd'hui, à des causes économiques et sociales ponctuelles, comme le chômage, qui conduit beaucoup de Français à douter du bien qu'ils pourraient tirer de l'Union européenne. Mais il s'y ajoute une impression diffuse de déclin. On a vu au chapitre 1 que le rayonnement de la langue française, à trois étapes au moins de son histoire, s'est accompagné d'une puissance de l'État s'illustrant par les armes comme par la culture. Cette situation a produit le sentiment d'une primauté, dont la revendication maladroite donne parfois à l'étranger, quand on ne fait pas l'effort d'aller au-delà des apparences, l'impression d'une certaine arrogance française. Il s'agit, bien plutôt, d'une conscience de ce que la France a su apporter au monde, même si l'on prend soin de rappeler qu'il y a bien d'autres phares éclatants et centres civilisateurs, comme l'Inde, la Chine, ou les ensembles culturels arabe, russe et hispanique, pour n'en citer que cinq.

On peut comprendre que, par rapport à ce rayonnement, celui d'autres cultures, et singulièrement, aujourd'hui, celui de la culture américaine, produise, parmi les élites françaises, le sentiment d'une dépossession. D'autres composantes du monde français, confrontées à la montée en puissance de la civilisation américaine, ont cessé d'exploiter ce que la France peut toujours apporter de précieux aux cultures humaines, et se sont habituées à croire que l'avenir se situe de l'autre côté de l'Atlantique. Parfois, les représentants diplomatiques de la France ne sont pas épargnés, eux-mêmes, par cette pathologie de la vision, comme on l'a vu précédemment. Les diplomates devraient consentir à reconnaître que cette attitude n'a pas de justification, et qu'il n'y aurait rien d'exorbitant à faire du français, dans les enceintes des ambassades de France, la seule langue d'usage. Une autre est évidemment à promouvoir également dans chaque cas. Ce n'est pas l'anglais. C'est la langue du pays où l'on se trouve. La brièveté des séjours de certains diplomates n'est pas une raison suffisante pour que l'on se dispense, quand on a reçu sa nomination, d'apprendre, selon le cas, le norvégien, le russe, le turc, le coréen, le portugais brésilien, le thaï, et même le hindi, malgré le statut officiel de l'anglais dans l'Union indienne.

LE DOUTE ET L'IGNORANCE

Le doute qui saisit un certain nombre de Français quant à leur langue, devenue le lieu d'associations négatives, n'est qu'un reflet de celui qui les habite quant à l'avenir de la France. La conviction selon laquelle le français n'a pas, ou n'a plus, d'aptitude à se faire l'instrument d'expression de la modernité n'est pas fondée seulement sur la fascination devant le modèle américain, mais aussi sur l'affligeante inculture des Français qui ne connaissent pas, et n'ont pas l'humilité de chercher à connaître, par exemple, les ressources du français en matière de néologie. Elles sont énormes, comme on le savait il y a encore une vingtaine d'années, lorsque les commissions chargées de proposer de nouveaux termes en fournissaient en abondance, relayant une activité néologique qui avait été, dès les années 1950 et 1960, celle de nombreux groupes et individus soucieux de donner voix en français à toutes sortes de réalités contemporaines (Hagège 1987, p. 122-130). L'emploi généralisé, et même exclusif, en France, des termes *informatique*, *ordinateur*, *logiciel*, qui figurent parmi les produits de cette activité et ont supplanté des termes anglais pourtant bien installés à l'époque, montre assez à quoi peut parvenir une entreprise volontaire en matière de vocabulaire.

Ce sont des faits de ce type qui doivent être rappelés quand on lit des déclarations naïves d'apôtres béats de la mondialisation en anglais, comme celle-ci, d'un responsable d'école commerciale : « Dire que le français est une langue internationale de communication comme l'anglais prête à sourire aujourd'hui. » Au sourire ici prêté à l'auteur, certains ajouteront, par sympathie au sens propre, un autre prêt, à savoir quelque compassion. Mais l'enjeu vaut que l'on élève le débat au-delà de ces insignifiances. En fait, la manière de se représenter la langue est ici le reflet de la manière dont chacun vit son identité nationale. Si les Français les plus riches, ceux dont les entreprises font la force économique du pays, rêvent de devenir anglophones, c'est que la conscience collective est en crise et que la solidarité civique entre toutes les composantes de la population se dissout pour faire place à des différences accusées entre ceux qui ont ce rêve et ceux qui ne le partagent nullement, et avec lesquels les premiers sont de moins en moins capables de communiquer. L'utilisation du français est celle d'un ciment de la société dans son ensemble, du fait du lien qu'il établit entre les groupes sociaux, entre les milieux professionnels, entre les personnes, en transcendant les différences souvent considérables qui les séparent. **Le rejet du français est** donc **logiquement corollaire du rejet de l'identité française, dont la solidarité est un aspect essentiel.**

L'État doit retrouver une politique offensive

Si l'on veut bien consentir à regarder les faits sans prévention, rien n'indique qu'il faille se résigner, et tout suggère, au contraire, une intervention résolue. C'est ce qu'on va tenter de montrer ici.

DE CERTAINS CAS D'INTERVENTION HUMAINE EFFICACE SUR LE DESTIN DES LANGUES

Face à la situation actuelle, les réactions sont évidemment très variables. Ceux qui s'ébrouent sont vilipendés par ceux qui glapissent, et plus encore ceux qui n'ont d'autre réaction que l'indifférence. Une quatrième option est de se résigner à ce qu'on croit inéluctable, ou même d'agir pour en précipiter l'échéance, comme si, par là, on en limitait les effets. Un publiciste contemporain écrit, par exemple :

> « L'omniprésence de l'anglais aura de toutes façons lieu ; le choix est comme toujours, face à un phénomène inexorable, de le subir ou de l'anticiper » (Minc 1989, p. 120).

Les raisons d'envisager cette évolution sont loin d'être absentes, on l'a vu dans ce qui précède. On peut aussi, pourtant, croire à l'efficacité de l'action qui tente d'inverser le cours des choses, c'est-à-dire à une intervention humaine énergique sur ce qu'on croit être une fatalité. On fait sienne, par là, la philosophie d'Alain, auquel est attribué le mot suivant : « Le pessimisme est d'humeur, l'optimisme de volonté. » Appliqué au rapport de forces entre les langues dans le monde contemporain, ce mot suggérerait qu'une vue optimiste, selon laquelle elles ne sont pas menacées d'être supplantées par l'unilinguisme généralisé, découlerait uniquement d'une décision dictée par la volonté d'agir sur le cours des choses.

Tout ce qui précède a montré qu'en réalité il existe également de nombreux signes qui sont de nature à rendre optimiste. Néanmoins, il convient de ne pas s'en satisfaire. Il est urgent d'agir. Il ne manque pas d'exemples anciens et récents qui sont de nature à y encourager.

L'idée est bien ancrée parmi les linguistes professionnels, et sans doute admise par la plus grande partie du public, que les langues sont des mécanismes ayant leurs lois propres d'évolution, sur lesquelles l'intervention volontaire n'a aucun effet, ou même est une illusion que bien peu d'individus ont eu la naïveté de nourrir. Or une telle opinion procède d'une ignorance pure et simple de la réalité. Vaugelas, que l'on cite souvent pour la phrase : « Il n'est permis à qui que ce soit de faire de nouveaux mots, non pas même au Souverain », ajoute cependant (1647, I, p. 40) :

> « Si quelqu'un en peut faire qui ait cours, il faut que ce soit un Souverain, ou un Favori, ou un principal Ministre [...] ; cela se fait par accident, à cause que ces sortes de personnes ayant inventé un mot, les courtisans le recueillent aussitôt, et le disent si souvent que les autres le disent aussi à leur imitation ; tellement qu'enfin il s'établit dans l'Usage, et est entendu de tout le monde. »

On voit bien décrit ici le processus par lequel une nouveauté se répand dans l'usage par l'effet de l'instinct mimétique, pourvu que celui ou ceux qui l'ont introduite lui apportent la caution d'un pouvoir, que ce soit, au XVIIe siècle, celui du monarque, aujourd'hui celui des médias, ou encore, comme ce fut souvent le cas durant les siècles précédents, celui de personnalités influentes, notamment des grammairiens patriotes, qui s'intéressaient à la langue et y voyaient le symbole de l'identité d'une nation.

Ces interventions humaines sur le destin des langues peuvent, certes, être considérées comme artificielles. Elles sont, en tout état de cause, très nombreuses, et, si certaines n'ont pas été consacrées par l'usage, beaucoup d'autres l'ont été[1]. Quelques-uns des exemples les plus connus peuvent être rappelés ici. Le hongrois était, à la fin du XVIIIᵉ siècle, dans une situation très précaire, du fait que la politique autrichienne, s'exerçant sur un pays déjà très affaibli par les effets de la conquête ottomane du XVIᵉ siècle, avait quasiment banni cette langue de l'usage. Pourtant, les élites nationalistes intervinrent avec un soin d'amoureux sur le hongrois, le ressuscitèrent tout en le réformant et en modernisant son vocabulaire. Le finnois a été l'objet, au cours de son histoire, d'au moins deux réglages, qui ont même modifié sa morphologie en restaurant des formes en voie de disparition. Au début du XIXᵉ siècle, des philologues patriotes comme Dobrovský s'efforcent d'accréditer, pour favoriser la renaissance du tchèque, soumis depuis la défaite de 1621 à la forte pression germanisatrice des Habsbourg, le plus

1. Le détail en est exposé dans les six volumes de Fodor et Hagège 1983-1994, ainsi que dans Hagège 1983 et 2005c.

possible de termes slaves, souvent empruntés au polonais. Ben Yehuda et d'autres savants juifs des XIXe et XXe siècles ont introduit en hébreu israélien de nombreux mots destinés à exprimer des réalités non désignées en hébreu biblique. Un réformateur de l'estonien, Aavik, est intervenu, au début du XXe siècle, sur la grammaire et a inventé des mots dont certains ont survécu et sont aujourd'hui courants. M. Kemâl (Atatürk) a non seulement latinisé l'écriture du turc de Turquie, qui jusqu'à 1928 n'était noté qu'en caractères arabes, mais en outre éliminé un grand nombre d'expressions et de termes arabo-persans, que l'islam avait introduits depuis longtemps. À l'époque contemporaine, le thaï s'est enrichi de nombreux emprunts au sanscrit et au pali, et l'indonésien de termes techniques modernes puisés dans le fonds malais traditionnel, grâce aux travaux du prince Wan et d'Alisjahbana, respectivement.

Les entreprises de modernisation du vocabulaire, en puisant dans les sources anciennes plus volontiers que dans les emprunts, sont inséparables de la promotion de la langue elle-même face à une autre qui la concurrence. On a vu au chapitre 2 que c'est une intervention précise et explicite de l'autorité politique qui a promu très fortement le français au Québec, et peut-être même l'a sauvé de l'extinction à moyen terme.

LA CULTURE ET LE PROFIT

Il doit ressortir de tout ce qui précède qu'une action volontaire du pouvoir, dans tout pays dont la langue subit la pression dangereuse d'une autre langue dotée de moyens puissants, est possible, et que ses succès effectifs sont attestés par l'examen de l'histoire récente et moins récente. Si l'on prend le cas de la France, quelle action politique les responsables du pays doivent-ils conduire, et quel combat doivent-ils livrer ?

La réponse à cette question est tout à fait claire. Sont face à face, en effet, une force et une valeur. La force est celle du profit, auquel la plupart des hommes d'affaires sacrifieront tout. Quant à la valeur qu'il convient de maintenir, en l'opposant, s'il n'y a pas d'autre choix, au profit sauvage, c'est la culture. On a vu aux chapitres 1 et 3 que la défense de l'exception culturelle est un engagement actif et résolu, qui, face aux offensives redoutables, et constamment renouvelées, des dirigeants d'entreprise de communication, risque d'être voué à n'obtenir que des avantages provisoires. Il suffit, pour s'en convaincre, de méditer, par exemple, la réflexion suivante d'un de ces dirigeants, citée par le journal *Libération* du 22 juillet 2001 :

> « J'adore le cinéma mais j'ai une responsabilité vis-à-vis de mes actionnaires. Je ne ferai pas un film simplement parce que je l'aime. Un film doit être un succès commercial. Le plus important dans un groupe [...], c'est la réussite commerciale. »

Cette logique n'est pas surprenante, et il est instructif de voir ainsi confirmé que la loi de l'argent l'emporte absolument sur n'importe quelle autre considération.

Ainsi, il semblerait que la rentabilité, obsession des chefs d'entreprise, n'est pas facile à concilier avec les préoccupations culturelles. Mais, en réalité, il devrait être possible d'éviter qu'il s'agisse dans tous les cas d'un affrontement. Pourquoi les films de qualité, pour s'en tenir au domaine du cinéma, subissent-ils la pression de films plus médiocres ? Tout simplement parce que ces derniers séduisent des masses plus importantes de spectateurs, et sont donc privilégiés par les producteurs, ainsi assurés de succès commerciaux. Tout est donc commandé par les goûts du public. Ce sont là des vérités élémentaires. Il est peut-être moins élémentaire de dénoncer la circularité, éminemment profitable, du raisonnement sous-jacent à la pratique des producteurs. Car les goûts du public sont, tout simplement, façonnés par cela même que le marché propose. On pourrait au contraire, au lieu de partir des goûts supposés du public et de lui servir ce qui les satisfait, expérimenter une nouvelle méthode. Celle-ci consisterait à privilégier l'achat, ou le financement, de films de qualité. Dans la mesure même où ces films domineraient le marché, il faudrait bien que le public finît par se déprendre des productions étrangères à vil prix, objets « culturels » que les producteurs de cinéma et de télévision européens, et notamment français, se sont habitués à acheter avec d'autant plus d'empressement qu'ils leur permettent de réduire leurs coûts de revient.

Tout se ramène, en réalité, à un problème qu'on se garde bien de poser, et plus encore d'affronter, celui de l'éducation. La culture ne se trouverait pas dans cette situation de conflit objectif avec le profit si l'on consentait à admettre que les goûts peuvent se construire, et qu'une entreprise marchande d'objets culturels peut réaliser des succès commerciaux sans pour autant perdre le souci d'un minimum de qualité. Une telle position implique un certain respect du public, et tourne le dos à celle qui implique le choix du profit sauvage, à savoir celle qui dénie au public de masse toute aptitude à apprécier la finesse d'une œuvre d'art, ainsi que toute vocation à parfaire son éducation, et qui considère donc que c'est un trop grand risque que d'investir dans les films autres que les moins difficiles, ou ceux dont l'intention et le contenu culturels sont les plus minces. On jugera naïf ou utopique le point de vue défendu ici. Mais le présent livre n'a pas pour objet de prendre acte des pratiques dominantes en s'insérant docilement dans leurs plis. Il entend aussi faire des propositions qui, par rapport aux routines de pensée et aux intérêts financiers qui s'y enracinent, prennent quelque distance critique.

LES DROITS LINGUISTIQUES ET LE PROBLÈME DES LANGUES RÉGIONALES

Il est encore temps pour l'État de relancer une politique offensive comparable à celle qui était la sienne dans les années 1960. Une condition d'efficacité est que l'État neutralise le reproche, stratégiquement habile bien que de mauvaise foi, qui lui est fait parfois à l'étranger, à savoir de réclamer que le français garde son rang international, alors qu'au même moment les langues régionales ont une situation précaire en France. Avant d'examiner ce point, il faut rappeler ce que sont les droits linguistiques, et ce qu'a été dans le passé la position du pouvoir politique en France.

La première moitié du XXe siècle et les années qui ont suivi la Seconde Guerre mondiale ont donné une importance particulière à la notion de droits linguistiques. Le contenu principal, tel qu'il est défini, par exemple, chez Kloss (1970) et chez Verdoodt (1973), concerne le droit, pour toute communauté, d'employer sa langue vernaculaire dans son foyer, dans la rue, dans les prénoms, dans la correspondance privée, dans les institutions qui diffusent la langue (édition, presse, cinéma, médias, etc.), dans les entreprises économiques privées, enseignes, publicité, comptabilité, etc., dans les associations culturelles et religieuses, devant les tribunaux et dans les relations avec l'autorité administrative (moyennant, le cas échéant, les services d'un interprète), enfin le droit d'obtenir la construction d'écoles enseignant la langue de la communauté. C'est ainsi que, souvent avec la caution de la Société des Nations et, plus tard, de l'Organisation des Nations unies, de nombreux États ont signé entre eux des accords destinés à défendre les droits linguistiques de communautés exposées à la pression de certaines langues nationales. À la Conférence de la paix, à Paris, en 1919, la Pologne et la Tchécoslovaquie, États nouveaux, ainsi que la Grèce, la Roumanie et le royaume des Serbes, des Croates et des Slovènes, États bénéficiaires d'une extension territoriale, signèrent des accords protégeant les droits linguistiques des communautés vivant sur leurs territoires. Le Royaume-Uni reçut des Nations unies, en novembre 1947, la mission de protéger les droits reconnus aux Palestiniens et aux Israéliens d'employer, dans les circonstances légales, leurs langues respectives. De même, dans les années 1940 et 1950, eurent lieu de nombreuses reconnaissances de droits linguistiques : les gouvernements autrichien et italien négocièrent longuement à propos des droits linguistiques de la minorité germanophone de la région du Trentin-Haut-Adige ; les gouvernements de divers pays européens décidèrent l'attribution d'un statut spécial au groupe ethnique yougoslave (en fait, surtout slovène) habitant le territoire de Trieste, et à celui (croate et slovène) qui vit en Carinthie, en Styrie et dans le Burgenland ; les gouvernements allemand et danois garantirent les droits linguistiques des populations danophone et germanophone du Schleswig-Holstein et du Jutland méridional, respectivement. Bien d'autres accords ont été négociés, sur les droits des locuteurs du suédois en Finlande, des usagers de l'afrikaans en Union sud-africaine, des langues locales dans chaque canton helvétique, ou, en Belgique, sur les régions linguistiques francophone, néerlandophone, germanophone et à minorités protégées. Des dispositions comparables s'appliquent aux dix-neuf idiomes reconnus comme langues de l'Union indienne, ainsi qu'à diverses langues de Guinée, du Sénégal, de Côte-d'Ivoire, du Nigéria, du Cameroun, et à celles de la république islamique d'Indonésie et des Philippines.

Cette liste pourrait encore être étendue. Un important ouvrage des deux auteurs qui ont le plus étudié le problème des droits linguistiques donne de nombreux détails, ainsi qu'un cadre théorique adéquat : celui de T. Skutnabb-Kangas et R. Phillipson (1994), le second de ces auteurs prouvant, par sa personnalité, que **les réserves exprimées quant à la domination de l'anglais se rencontrent aussi, sinon surtout, parmi les élites anglophones.** Il s'agit souvent des droits linguistiques de minorités vivant dans des pays où domine une langue nationale ou d'État. Mais cette situation est loin d'être sans pertinence pour les langues non minoritaires qui affrontent le déferlement de l'anglais. La défense du droit qu'ont leurs usagers de les employer au lieu de se soumettre aux pratiques décrites au chapitre 2, et qui tendent à imposer toujours davantage l'anglais, est aujourd'hui une nécessité dont il est essentiel de prendre conscience.

La situation du français est ici assez particulière. Un important changement de politique est intervenu depuis les années 1950. Pour faire apparaître la nouveauté qu'il introduit, on rappellera deux exemples célèbres de mesures prises autrefois, l'une par la monarchie et l'autre par la république : d'une part, l'ordonnance de Villers-Cotterêts (1539), dont un des articles stipule que, désormais, procédures et contrats de toutes juridictions seront rédigés « en langage maternel français et non autrement », et, d'autre part, la loi du 2 thermidor an II (20 juillet 1794), qui condamne à six mois d'emprisonnement et à la destitution « tout fonctionnaire ou officier public [...] qui [...] dressera [...] des procès-verbaux, jugements, contrats [...] conçus en idiomes ou langues autres que la française ».

L'ordonnance de François Ier paraît viser le latin, dont le poids dans la vie juridique était encore important au début du XVIe siècle. Mais, en fait, elle a pour cibles principales les langues régionales, dont la vitalité était considérée comme une menace à l'unité du pays réalisée sous l'autorité royale. Quant à la loi votée par la Convention, elle faisait suite à deux rapports : d'abord celui de Barère (pluviôse an II) déclarant que « le fédéralisme et la superstition parlent bas-breton, l'émigration et la haine de la République parlent allemand » (il voulait dire « alsacien »), « la contre-révolution parle italien » (entendre « corse »), et « le fanatisme parle basque » ; ensuite, le rapport de l'abbé Grégoire (prairial an II) « sur la nécessité et les moyens d'anéantir les patois et d'universaliser l'usage de la langue française ». Les Conventionnels étaient d'autant plus résolument hostiles aux langues régionales que les deux rapports désignaient explicitement ces dernières comme les supports des discours de l'ennemi intérieur, à un moment où la Révolution était assaillie par l'Europe des monarchies. Mais, en outre, l'état d'esprit du Comité de salut public faisait écho à une conviction qui s'était exprimée dès 1791, quand Talleyrand déplorait qu'au moment où toutes les cours d'Europe utilisaient le français ce dernier était ignoré de plus de la moitié de la population française, utilisatrice de « patois moisissants, derniers vestiges de la féodalité », et bons seulement pour perpétuer les plus archaïques traditions. Ainsi, la langue française et sa promotion sont en France, dès les débuts de la république, une affaire ouvertement politique, puisqu'elles sont directement solidaires de l'autorité de l'État.

Ce n'est pourtant qu'à la fin du XIXe siècle et avec les lois de J. Ferry en 1881 et 1882 sur l'enseignement obligatoire, laïque et gratuit, que les idées de la Convention montagnarde furent appliquées, en imposant partout le français, lequel, cependant, ne deviendra véritablement langue commune de toute la nation qu'après la Première Guerre mondiale, et dans une large mesure à travers elle, comme on le sait. Les dates parlent éloquemment. Les lois Ferry sont contemporaines de la période consécutive à l'humiliation de la défaite de 1870, et donc de la multiplication des entreprises coloniales dans lesquelles s'engage fortement, par compensation, le nationalisme français blessé par la perte de l'Alsace et de la Lorraine. Les lois Ferry sont également contemporaines de la fondation de l'Alliance française, dont il a été question plus haut. Le français en est l'éclatant bénéficiaire, puisque, au moment même où il ne fait que commencer à supplanter vraiment l'ensemble des langues régionales sur le territoire métropolitain, il est exporté dans les colonies comme un « bienfait humanitaire » favorisant la modernisation de ces dernières.

Ainsi, il existait d'autant plus de raisons, sous la IIIe République, de ne pas se soucier des droits linguistiques des derniers usagers des langues régionales, que la politique linguistique conquérante qui était conduite en faveur du français dans les colonies supposait une langue unifiée dont l'autorité ne fût balancée par aucune autre sur le territoire national. De là l'importance du changement qu'introduisit en janvier 1951 le vote de la loi Deixonne, première mesure de l'histoire de France en faveur des langues régionales. Ce n'était, certes, qu'un pas initial, puisque cette loi ne concernait que les langues (basque, breton, occitan, catalan), et non les « dialectes » (alsacien, francique mosellan, corse, flamand), qui étaient exclus (le régime de faveur accordé à l'Alsace concerne non l'alsacien, mais l'allemand), et que, par ailleurs, l'enseignement de ces langues devait être dispensé dans les cadres d'activités dirigées non prises en compte dans les examens. Mais une politique nouvelle s'amorçait.

Depuis les années 1980, le gouvernement français s'est engagé de plus en plus résolument dans la promotion du plurilinguisme, en apportant officiellement son soutien à la diversité des langues, même si cette action demeure encore insuffisante et n'exclut pas tout à fait une attitude de soumission à l'unilinguisme au bénéfice de l'anglais. On sait que la politique de respect des langues régionales fut clairement exprimée par F. Mitterrand dans son discours de Lorient peu avant son élection à la présidence, en mars 1981, soit trente ans après la loi Deixonne, et que J. Chirac défendit lui aussi, peu après sa propre élection, en 1996, le droit à la différence. Les patrimoines culturels et linguistiques provinciaux sont ici vus comme des témoignages d'identités régionales qui sont elles-mêmes constitutives de l'identité nationale. La préservation demande de l'attention, car il existe une poignée d'autonomistes moins intéressés par la réalité encore vivante des dialectes, patois et langues, auxquels on prétend substituer des « langues néo-régionales » artificielles, que par une action politique, fournissant par là même un aliment à l'image, présente parmi les gouvernants, depuis la Révolution jusqu'à la Seconde Guerre mondiale, d'un lien entre la promotion de ces langues par certains régionalistes et l'ouverture, chez les mêmes, aux ennemis de l'État. L'Europe, pour quelques-uns d'entre eux, semblerait plutôt être un prétexte et un moyen, comme l'atteste ce mot d'un homme politique qui, pourtant, s'est fortement engagé dans la défense des langues régionales, mais que l'assistance à certains débats extrémistes a alarmé :

> « Sans arrêt, et dans beaucoup de bouches, l'Europe a été présentée comme un levier à utiliser dans cette quête d'indépendance et de séparatisme, une Europe présentée non comme une construction positive pour elle-même, mais comme une arme contre la France, ses valeurs, son histoire, son rayonnement » (Poignant 2001).

Les chiffres établissent (Lecherbonnier 2005, p. 143, 148) que ces récupérations idéologiques, loin de servir la cause des langues régionales, ont pour effet d'en éloigner ceux qui sont leurs locuteurs naturels, car ils sont peu soucieux de paraître cautionner des visées politiques. Cela comporte le risque de provoquer une nouvelle réduction du nombre, déjà déclinant depuis deux cents ans, des usagers de ces langues.

La promotion des langues régionales est certainement un fait entièrement nouveau par rapport à ce qu'a été autrefois la politique linguistique de la France. Tout ce qu'on vient d'exposer montre que rien, dans le passé, ne préparait le pouvoir, en France, à s'ouvrir aux langues du pays autres que le français, notamment par la décision, ensuite récusée en Conseil d'État (2001), de signer la

Charte européenne des langues régionales et minoritaires. L'ouverture aux langues régionales peut également être suggérée par des considérations plus machiavéliques : en état de grande précarité pour la plupart, elles n'ont plus aujourd'hui les moyens de menacer le français par une concurrence qui risquerait de le ronger de l'intérieur.

LA POLITIQUE SCOLAIRE

C'est une des missions de l'école républicaine, aujourd'hui, que de rendre les enfants sensibles à la nécessité d'une promotion du français. Le besoin ne s'en faisait pas sentir lorsque le prestige du français était encore grand dans le monde et en France même, c'est-à-dire entre les années 1890 et celles qui précèdent la Seconde Guerre mondiale. En effet, les Français ne doutaient pas, alors, de la légitimité d'une diffusion mondiale de leur langue. Pourtant, les cours d'instruction civique attestent qu'on était loin de négliger l'importance de souligner à l'école le rayonnement du français. Aujourd'hui, c'est un devoir, pour l'école, de former des générations de Français qui, contrairement à leurs parents, surtout dans la bourgeoisie d'affaires, mais aussi dans bien d'autres secteurs de la société, n'aient pas le complexe d'infériorité de locuteurs d'une langue dont on a honte, et que l'on considère comme dénuée de prestige face à l'anglais, sinon comme inutile et sans avenir. Cette représentation, produit dévoyé et dangereux de la loi du profit et de l'interprétation à courte vue qu'on en cultive, est évidemment aussi indigne que burlesque. Elle disparaîtra des mentalités et ne sera pas transmise, si l'école, depuis les plus petites classes, entreprend activement et résolument d'enseigner le contraire.

La politique actuelle en France est d'introduire à l'école primaire l'enseignement d'une langue « étrangère ». On n'en est pas encore à la désigner explicitement, c'est-à-dire à préciser qu'il s'agit de l'anglais. Mais il est évident que tel est bien le cas. Pourquoi ? Tout simplement parce que la présence de l'anglais au sein de la liste des langues proposées au « choix » des familles annule tout choix réel, l'anglais ayant aujourd'hui une position telle que les familles le retiendront massivement. C'est la raison pour laquelle il n'existe pas de solution raisonnable qui soit autre que **l'éducation *bilingue* précoce et obligatoire**, c'est-à-dire **l'apprentissage non pas d'une, mais de deux langues étrangères.** Les responsables politiques européens devraient s'entendre pour décider que, dans les pays de l'Union européenne, les familles soient invitées à choisir deux langues obligatoires pour leurs enfants dans l'enseignement primaire. En France, une telle politique mettrait fin à une mentalité entretenue depuis plusieurs siècles, certes souvent remise en cause aujourd'hui, mais encore bien présente. Selon cette mentalité, les langues étrangères sont vues comme des matières d'enseignement dépourvues d'urgence, sinon d'utilité véritable, et n'exigeant pas de temps ni d'effort.

Il est essentiel **d'abandonner complètement et définitivement cette représentation dévalorisante des langues et de leur diversité, qui appartient à la tradition française.** L'enjeu en est la promotion du français, sinon sa survie. Cet enjeu commence d'être compris de plus en plus clairement au-delà des discours incantatoires, non seulement en France, mais même parmi les membres de la Commission européenne, qui, pour la première fois de son histoire, a consacré à la fin du mois de novembre 2005 une communication au plurilinguisme.

On rappellera enfin, sans revenir ici en détail sur un sujet traité ailleurs (Hagège 2005a), que l'âge recommandé est celui qui correspond à la dernière année d'école maternelle ou à celle du cours préparatoire dans le système français. Car c'est alors que les structures les plus centrales de la langue maternelle de chaque enfant, la phonétique et la grammaire, sont assez établies pour que les risques d'interférence avec une nouvelle langue soient moins grands. Deux langues étrangères ne peuvent être efficacement enseignées qu'à des écoliers qui ont déjà acquis les mécanismes fondamentaux de leur langue maternelle, étape qui se situe, selon les langues et les individus, entre cinq et six ans. On a vu plus haut (chapitre 3 : « Les autres choix : plurilinguisme, trilinguisme ou système de relais ») quelles langues devraient être proposées aux familles. Ce qui, ici, doit être souligné, c'est que deux langues font ainsi partie du programme de base, à côté des cours de calcul, de langue maternelle, d'initiation à la connaissance de la nature, et d'histoire. Pour prendre un exemple, un enfant allemand apprendrait l'anglais et le français, un enfant espagnol l'anglais et l'allemand, un enfant français l'anglais et l'espagnol, ou l'anglais et l'italien, etc.

LA POLITIQUE UNIVERSITAIRE

Le rayonnement du français ne peut que bénéficier de celui des universités françaises. On peut, certes, avoir quelques doutes sur la valeur des critères retenus par les organismes qui classent les universités. Ceux-ci, en effet, ignorent souvent les recherches effectuées dans d'autres cadres qu'universitaires, et accordent une valeur absolue au nombre de prix Nobel. Pourtant, il est difficile de demeurer indifférent à ces classements. L'un d'eux, celui que publie chaque année l'Université de Shanghai, ne cite, parmi les cent premières du monde, pour l'année 2004, que quatre universités françaises, et leur assigne les quarante-sixième, soixante et unième, quatre-vingt-douzième et quatre-vingt-treizième places (D. Cohen 2005). Quant à l'OCDE (Organisation de coopération et de développement économique), elle attribue à la France, en matière d'enseignement supérieur, le dix-neuvième rang sur vingt-six. Toujours sur la base des critères retenus par ces organismes d'évaluation, le classement des universités d'autres pays d'Europe continentale, comme l'Allemagne et l'Italie, n'est pas plus flatteur.

Il existe certainement des moyens pour améliorer cette situation. Le premier consiste à accroître les dotations financières des universités françaises. La recherche fondamentale doit, certes, conserver son indépendance face à la recherche appliquée, mais cela ne signifie pas qu'on doive oublier tout ce que cette dernière a permis de découvertes, car l'inspiration des chercheurs vient souvent des besoins pratiques auxquels il faut répondre dans tous les domaines techniques. Il est essentiel d'assurer le maintien de ce lien complexe entre la recherche fondamentale et ses applications.

Un deuxième moyen de rendre plus performant le système d'enseignement supérieur en France serait même de laisser s'introduire des universités privées. Cet empiètement sur les prérogatives du secteur public, qui assure en France des services de qualité et ne devrait pas être rongé par le déferlement généralisé du secteur privé, comme la tendance s'en dessine aujourd'hui partout, peut se justifier, dans le cas particulier des universités. En effet, l'autonomie financière est la garantie d'une véritable recherche fondamentale, et rend les universités capables de conserver un enseignement à la fois indépendant et susceptible de répondre aux tendances à long terme de la société (D. Cohen 2005). Un pouvoir réel du monde universitaire est la condition d'un dialogue fécond entre lui et les industriels, à travers la création de pôles de recherche, qui ne soient pas appelés à devenir des structures lourdes et contraignantes. La Commission de Bruxelles devrait donc, en s'adaptant à la double exigence d'innover et de ne pas déstructurer ce qui fonctionne, soutenir, certes, d'une manière décisive, dans chacune des disciplines, les meilleurs parmi les pôles déjà existants, mais également en créer quelques autres, qui aient une puissance scientifique et financière comparable à celle des « multinationales du savoir » que sont les plus grandes universités américaines.

Dans le cas particulier de la France, un équilibre est à trouver entre la nécessité d'accroître les moyens propres aux universités et une caractéristique très française, et historiquement enracinée, du monde de la recherche et de l'enseignement, à savoir la coexistence des universités et de nombreux organismes (Centre national de la recherche scientifique, Commissariat à l'énergie atomique, Institut national de la recherche agronomique, Institut national de la santé et de la recherche médicales, grandes écoles : Normales supérieures, Polytechnique, Nationale d'administration, des Ponts, des Mines, etc.). Ces organismes sont indépendants des universités, bien que souvent associés à elles. Une coordination qui conjure la dispersion multipolaire peut améliorer l'efficacité de l'ensemble. Il n'est pas déraisonnable, enfin, même si cela est totalement contraire à la tradition française, aveuglément égalitaire, d'introduire des échelles de rémunération, en accordant des moyens plus importants à ceux des contractuels ou fonctionnaires qui obtiennent, par un travail plus soutenu, de meilleurs résultats.

Un troisième moyen d'améliorer la place des universités françaises dans le concert mondial de l'enseignement supérieur serait de donner à la qualité une importance égale ou supérieure à celle qui est donnée à la quantité. Si l'on ne prend pour critère que le nombre d'étudiants, la France parvient à se situer au quatrième rang après les États-Unis, la Grande-Bretagne et l'Allemagne, et avant l'Australie et le Japon. Mais les universités américaines et britanniques, qui figurent en tête de ce point de vue, ont en plus l'avantage d'être assez sélectives. Les universités françaises, elles, accueillent avec libéralité des étudiants étrangers à la qualification faible. Elles ont donc une moindre compétitivité réelle dans ce domaine universitaire, qui est devenu, aujourd'hui, un véritable marché, où s'affrontent de nombreux pays à travers de multiples établissements soucieux d'attirer le plus possible de bons étudiants et de recruter les professeurs les plus réputés (Bronner 2005). Pour faire face à la concurrence, un nombre croissant d'établissements en France introduisent un enseignement bilingue, français et anglais, afin d'attirer des étudiants d'origine asiatique et nord-américaine, et d'équilibrer ainsi le nombre des étudiants étrangers francophones, dont la majorité sont d'origine africaine. Si l'on peut admettre que cet enseignement bilingue favorise la qualité du recrutement des étudiants étrangers, dont les meilleurs sont souvent anglophones, une harmonie est néanmoins à trouver entre l'importance d'offrir en France des enseignements à de bons étudiants anglophones et la nécessaire promotion de la francophonie, entreprise à laquelle adhèrent, comme on l'a vu, beaucoup de pays.

D'autre part, à l'image de leurs concurrentes anglo-saxonnes, diverses grandes écoles françaises, en particulier d'ingénieurs et de sciences économiques, politiques ou commerciales, implantent des filiales en Europe et en Asie ; certaines ont engagé ou annoncent des partenariats avec des établissements étrangers de rang international, situés en Allemagne, par exemple, et même en Chine. Les universités font de même, et, par exemple, Paris-IV-Sorbonne négocie l'installation, dans l'émirat d'Abou Dhabi, d'un centre universitaire qui servira le rayonnement du français, langue dans laquelle sera donné l'enseignement, laïque et mixte (Bronner 2005). Le recrutement des professeurs de ces écoles commence également à s'orienter vers des enseignants étrangers réputés. Enfin, il ne convient pas de décourager la politique conduite par les universités et les grandes écoles françaises pour obtenir que leurs efforts soient reconnus sur une large échelle, surtout si ces efforts parviennent à modifier l'image négative qui se dégage du classement, cité ci-dessus, qu'a donné pour 2004 l'Université de Shanghai. Les universités et les grandes écoles françaises ont commencé, en effet, d'investir de plus en plus dans la communication, agissant par là comme si elles étaient elles aussi des entreprises industrielles. Le succès de cette politique de visibilité s'aperçoit, par exemple, au fait que l'École des hautes études commerciales de Paris ait assez fait connaître sa qualité pour avoir obtenu d'être classée, par le *Financial Times*, première sur vingt-cinq des deux cents écoles de commerce européennes.

C'est, certes, en anglais que sont donnés une partie des enseignements des écoles commerciales françaises, ainsi que d'autres ; et cela est plus vrai encore des antennes implantées à l'étranger, sauf quand il s'agit d'y répandre la langue et la culture françaises comme dans le cas, cité ci-dessus, de la Sorbonne à Abou Dhabi. Une condition à respecter est que la promotion du français soit vigoureusement assurée par ailleurs, et qu'en outre il demeure majoritaire dans les lieux français d'enseignement où l'anglais est aussi présent.

Pour une prise de conscience linguistique de la part des chercheurs scientifiques

En dépit des pressions considérables qu'exerce sur les chercheurs la domination de l'anglais dans les sciences (voir p. 93-97), on a quelque peine à croire qu'un article rédigé en français ne finira pas par gagner une large audience, s'il est vraiment de qualité et fait sensiblement progresser la recherche. D'autre part, il n'est pas déraisonnable d'imposer la traduction simultanée pour les réunions qui se tiennent en France, c'est-à-dire avec des concours matériels fournis par des institutions françaises, sur l'invitation et sous l'autorité de spécialistes payés par l'État. Un chercheur francophone qui considère qu'il apporte dans ce domaine une contribution novatrice n'est pas dépourvu de moyens de promouvoir son travail. Il peut exposer ses résultats, à l'occasion d'un congrès important, devant un public international, ce qui, le plus souvent, signifie qu'il s'exprimera en anglais. Mais, à cette occasion, il citera clairement et explicitement, au besoin avec quelque insistance, la publication en français sur laquelle se fonde cette communication orale, afin d'attirer l'attention des participants intéressés, et de les conduire à prendre connaissance d'un travail auquel des étrangers sauront bien avoir accès, malgré l'obstacle prétendu de la langue, qu'ils déclarent, souvent avec mauvaise foi, ne pas connaître assez. La même stratégie devrait, évidemment, être utilisée par les chercheurs d'autres pays dont les langues, même si elles n'ont pas la diffusion de l'anglais, ne devraient pas être complètement opaques à tout chercheur. Faute de se défendre par des moyens de ce type, les savants originaux dont l'anglais n'est pas la langue maternelle s'exposent au risque, souligné au chapitre 2, de voir leur travail resurgir dans une revue américaine de large diffusion, sous la plume de chercheurs qui s'en attribuent la paternité, car ils ont su se frayer un accès à ce travail et n'ont pas jugé utile d'en reconnaître la source.

On pourrait, au reste, s'interroger sur la légitimité d'une langue unique des sciences. Et, de plus, rien ne garantit, malgré la conviction affichée des scientifiques anglophones, que l'anglais ait davantage que d'autres langues la vocation d'être cette langue. Rien n'assure qu'une pensée scientifique s'exprimant dans la langue maternelle du chercheur soit moins apte que l'anglais à des intuitions et à des découvertes fécondes. Carnot et Berthollet écrivaient en français, Mendel, Planck et Einstein en allemand, Marconi en italien. On a tout lieu de croire que la diversité des langues sert non seulement la diversification originale et féconde des cultures, mais aussi celle des pensées scientifiques. Au contraire, une langue unique est un risque de stérilisation, tout comme, sur le plan de la vie publique et privée, une seule langue pour toute l'humanité porte de sérieuses menaces d'aliénation. Il est utile de réfléchir sur ce qu'écrit, à ce sujet, le mathématicien L. Lafforgue (2005) :

> « On a coutume de dire que c'est parce que l'école mathématique française occupe dans le monde une position exceptionnellement forte qu'elle peut préserver cet usage [celui d'écrire en français]. Je suis persuadé que la relation de cause à effet est inverse : c'est dans la mesure où l'école mathématique française reste attachée au français qu'elle conserve son originalité et sa force [...]. Sur le plan psychologique, faire le choix du français signifie pour l'école française qu'elle ne se considère pas comme une quantité inéluctablement négligeable, qu'elle a la claire conscience de pouvoir faire autre chose que jouer les suiveurs et qu'elle ne se pose pas *a priori* en position vassale. [...] On écrit pour soi-même et pour la vérité avant d'écrire pour être lu [...]. La créativité scientifique est enracinée dans la culture, dans toutes ses dimensions – linguistique et littéraire, philosophique, religieuse même.

Werner Heisenberg, fils d'un professeur de grec et l'un des fondateurs de la mécanique quantique, en a témoigné dans ses écrits autobiographiques, où il insiste constamment sur l'importance de la culture générale, et du rôle qu'ont joué dans sa vie de physicien ses lectures philosophiques – en particulier Platon, qu'il lisait en grec. Alors, gardons la diversité linguistique et culturelle dont se nourrit la science. [...] Une condition nécessaire [pour exalter la créativité des chercheurs français] est de faire résolument le choix de la singularité, de l'approfondissement de notre culture, qui s'est tant distinguée au cours des siècles, et dont le cœur est la langue française. Ainsi seulement garderons-nous une chance de rester ou redevenir originaux, de contribuer à la connaissance et d'être au service de l'universalité. »

Contrairement à ce qu'on entend dire parfois, cette opinion d'un chercheur qui a obtenu en 2002 la médaille Fields n'est pas plus facile à soutenir quand il s'agit des mathématiques : les physiciens, les chimistes, les biologistes n'exposent pas seulement des protocoles d'expériences et des résultats dans des exposés dont la forme dépouillée est indifférente à la langue utilisée ; ils présentent aussi des arguments et un cadre de pensée qui s'accommodent beaucoup mieux et beaucoup plus efficacement de la langue dans laquelle leur personnalité s'est formée.

Le choc entre la spirale du capitalisme et les régulations. Son effet sur les langues, ou dompter l'entropie

La langue mondiale du système capitaliste est aujourd'hui, dans une large mesure, l'anglais. Du fait que le sort de ce système et celui de l'anglais sont solidaires, il faut tenter de comprendre ce que le capitalisme signifie pour le monde et ce qu'il lui promet. Une analyse lucide révèle que le néo-capitalisme et le laisser-faire généralisé ne sont pas en eux-mêmes réformables. Des études sérieuses (voir notamment, E. Cohen 2005, Lebas 2005) montrent que le capitalisme, de par sa dynamique propre, est sans cesse poussé à faire éclater toutes les barrières, à dépasser toutes les limites. Les seuls événements capables de le tempérer sont les chocs à répétition qu'il provoque par ses outrances mêmes. Il s'agit, par exemple, de ceux qui ont été déclenchés par les faillites frauduleuses d'Enron ou de Worldcome aux États-Unis, de Parmalat en Italie, etc., ou par l'éclatement des bulles spéculatives comme celles de l'immobilier, du numérique, d'Internet (dont l'acmé est la fameuse fusion d'AOL et de Time Warner). Un autre exemple est le processus de montée en puissance de Vivendi-Universal, puis, à une seconde étape, celui de sa chute. Ces chocs sont toujours suivis de régulations, de corrections, comme le *Sarbanes-Oxley Act*, qui, en réponse au scandale d'Enron, renforce la responsabilité pénale des dirigeants d'entreprises cotées. Mais, en réalité, ces interventions législatives, qui suivent la stigmatisation publique en grand spectacle bien orchestré, n'ont pas d'autre mobile que de restaurer l'image du capitalisme, en exorcisant les démons qui la ternissent aux yeux du monde et qui, par là même, choquent ce qui peut rester de sens moral chez l'individu.

C'est pourquoi le capitalisme reprend chaque fois son élan vers de nouveaux excès, lesquels seront suivis de nouvelles interventions. Ces dernières sont, nécessairement, le fait du politique, comme on le voit actuellement dans la lutte contre l'effet de serre. Cette lutte peut se donner toutes sortes de façades avenantes : de quoi que l'on veuille se persuader, il s'agit d'un combat politique. Il ne peut y avoir qu'une réponse politique, solidaire de l'action judiciaire, à la spirale actuelle. En effet, plus que jamais, plus, notamment, qu'aux temps anciens où un fondateur d'entreprise détenait une grande partie des moyens financiers, c'est l'enrichissement des actionnaires, de plus en plus nombreux et diversifiés, qui est l'unique souci des présidents-directeurs généraux. Par conséquent, il n'y a pas d'autre scénario possible qu'une course, permanente et effrénée, entre la dynamique du capitalisme et les réactions régulatrices du pouvoir politique mettant en mouvement la machine judiciaire. Le seul contrôle possible exercé sur le capitalisme, c'est l'existence de contre-pouvoirs, qui déclenchent chez lui la peur du juge, ce dernier, derechef, n'ayant pas d'autre souci que de lui restituer, à chaque crise, une image respectable.

L'incidence d'une telle situation sur le destin du français apparaît clairement. Le français ne peut attendre son salut, comme les autres langues menacées par l'anglais, langue des marchés néo-libéraux, que de cet affrontement entre l'implacable expansion capitaliste et les corrections et régulations qui lui sont opposées. Des signes prometteurs apparaissent dans l'actualité politique la plus récente. Au sommet du pouvoir en France, les plus déterminés des partisans du courant néo-libéral résistent au libéralisme, encore plus radical, de la Commission européenne. Cette dernière, elle-même, a insisté, tout récemment, sur l'importance du secteur public chez les Vingt-Cinq et sur la qualité des services d'intérêt général. En Pologne, le libéralisme est fortement critiqué. Dans une grande partie de l'Europe, notamment centrale et orientale, des gouvernements orientés à droite ou à tendance conservatrice se veulent plutôt démocrates que libéraux. Ils se font, d'une manière inattendue, les défenseurs d'une certaine prise en compte de la dimension sociale, quand ce ne serait que pour répondre à l'attente de ceux, parmi les électeurs dans les ex-pays communistes, qui ont quelque nostalgie des protections d'autrefois. Ces politiques garantissent un certain équilibre, et les valeurs autres que marchandes, dont les langues, en sont les bénéficiaires, dans la mesure où la loi du profit aveugle se heurte aux lois qui le contraignent à hiérarchiser les objets commerciaux en distinguant ceux qui sont culturels.

* *
*

Tout ce qui précède laisse apparaître que la promotion de la diversité linguistique n'est pas une utopie, et que ceux qui agissent pour la garantir obtiennent des résultats importants sur divers fronts. Le français a un rôle essentiel à jouer ici, et le pouvoir politique peut aisément, sans compromettre en rien la place de l'économie française dans le monde, accroître son engagement dans ce combat, qui est non seulement une tradition française, mais, en outre, une nécessité absolue d'aujourd'hui.

Conclusion

Les langues humaines naissent, se développent et meurent. À cet égard, elles possèdent des caractéristiques qui les apparentent aux espèces vivantes. Pourtant, elles s'en distinguent nettement. Tout d'abord parce qu'elles peuvent connaître un fascinant destin : elles peuvent ressusciter. C'est ce qu'a montré, au XXe siècle, le cas de l'hébreu, qui était totalement sorti de l'usage parlé durant plus de deux millénaires, et qu'un puissant vouloir humain a fait revivre jusqu'à devenir la langue d'un État moderne (Hagège 2000, chapitre 1). En outre, les composantes culturelle, psychologique et sociale des langues les différencient fortement des espèces vivantes de la nature, malgré ce que croyaient les tenants du courant vitaliste dans la seconde moitié du XIXe siècle (Hagège 2000, chapitre 2). Une langue n'est pas un ensemble de propriétés physiques, mais un système de récurrences ordonnées qui rendent possible un comportement, à savoir le discours entre partenaires humains. Le contact prolongé entre les langues aboutit le plus souvent à des influences réciproques et à des emprunts, et peut produire l'apparition d'une nouvelle langue, alors qu'à l'échelle du temps historique on ne voit pas une espèce animale, par exemple un oiseau, adopter des caractéristiques d'une autre espèce présente en permanence dans son environnement, par exemple un chien.

Les langues sont donc bien davantage que des espèces vivantes. Elles sont situées au plus profond de l'humanité. Une langue est aussi une certaine façon de ressentir, d'imaginer et de penser, même si la possibilité universelle de la traduction doit conduire à nuancer les idées répandues sur la vision du monde propre à chaque langue et non transmissible. La perte de sa langue, pour tout individu, c'est aussi, en quelque façon, celle d'une partie de son âme. Cela arrive, et cela, naguère, est souvent arrivé, aux peuples qui, fascinés par une langue étrangère et par le modèle supérieur qu'elle leur paraissait porter, en sont venus à dénigrer leur passé, à trancher les liens qui les attachaient à leur culture, à minimiser leur littérature, leur art et leur science, à railler comme rétrograde, myope ou réactionnaire chaque acte accompli pour les exalter, ou même pour rappeler seulement leur existence.

Tout individu soucieux de défendre son âme face aux périls qui la menacent ne peut ignorer qu'il lui faut livrer un combat. Faute de le faire, on s'incline devant l'ordre des choses, on se persuade qu'il est inéluctable, et donc que l'on est soumis, comme avec les lois de la nature, à un processus d'entropie. Or une riposte est possible : **qu'est-ce donc que le sens de l'aventure humaine, sinon d'être un effort pour dompter l'entropie ?** L'espèce l'a fait à chaque étape de son existence indéfiniment menacée. Aujourd'hui, la menace n'est certes pas dirigée contre la vie, et l'homogénéisation des cultures sous la forme d'une langue unique n'est pas une agression qui mette en danger l'existence physique de ceux sur qui déferle cet océan, puisque, au contraire, ces derniers constituent le vaste marché dont on veut, précisément, s'assurer la complète docilité. Ce n'est pas du domaine physique, mais du domaine culturel qu'il s'agit. Pourtant, la prétendue mondialisation n'en est pas moins le visage contemporain de l'entropie. Le combat pour la pluralité des cultures et des langues est donc, en réponse, une des formes présentes de la néguentropie, action humaine pour remettre en question, comme Prométhée, le cours, apparemment irréversible, des choses du monde. En France, c'est un vaste programme d'information des masses de locuteurs qu'il convient de lancer. Les autorités politiques, les responsables des médias audiovisuels, du haut au bas de la hiérarchie, ceux de l'école, les cinéastes, les journalistes, les écrivains, et tant d'autres, en fait tous ceux qui, auprès du grand nombre, ont quelque audience ou quelque pouvoir, tous ont un devoir impérieux. C'est celui de dire, de répéter, de marteler, en le démontrant par des arguments, comme ceux qu'on a développés ici, que **la puissance économique, la prospérité et le succès commercial ne sauraient avoir pour rançon, et encore moins pour instrument, l'abandon de la diversité des langues et la soumission à une seule qui devrait les supplanter toutes.**

L'Europe se trouve ici investie d'une tâche essentielle. C'est elle qui a été le berceau de la civilisation américaine, laquelle a apporté au monde des valeurs de liberté, de tolérance, de créativité qui ont certainement fécondé l'univers, avant de devenir peu à peu un modèle unique dont la pression est une menace pour la diversité. C'est donc à l'Europe qu'il appartient aujourd'hui de proposer d'autres choix de civilisation. Et cette proposition, pour avoir un sens et une réelle valeur symbolique, doit être faite dans des langues diverses, et non dans une seule langue dominante. L'urgence est d'autant plus grande que, depuis la disparition de l'Union soviétique, les États-Unis sont seuls à incarner dans le monde **la lutte contre les menaces redoutables de l'intolérance** et de tous les terrorismes. **L'Europe est**, bien entendu, **complètement solidaire de l'Amérique dans ce combat**, ainsi que tous les esprits éclairés de par le monde. **Mais l'Europe ne doit pas payer de son aliénation cette solidarité.** Elle doit prendre à ce combat une part qui lui soit propre, et qui fasse apparaître toutes ses valeurs, dont l'ouverture à la différence, et l'opposition aussi bien à la violence frontale des actes de guerre par surprise, sur des populations civiles sans défense, qu'à celle, moins explicite, du mercantilisme néo-libéral.

Cette violence du mercantilisme néo-libéral pourrait bien, malgré son aspect actuellement pacifique, devenir un jour la plus redoutable. On se flatte volontiers des promesses de paix qu'impliquerait la mondialisation des échanges. Et si l'on découvrait, aux antipodes de cette espérance, ingénue ou manipulée, que la mondialisation, loin d'offrir une garantie contre les guerres, risque, tout à l'inverse, de les provoquer ? Aux forces anarchiques des marchés s'ajoute, malheureusement, la réduction constante des ressources naturelles, une réduction attisée, précisément, par le profit, qui, fort peu soucieux de préserver les équilibres de l'environnement, obéit à la logique d'une spirale de croissance. Le résultat de cette situation n'est pas difficile à prévoir : une rivalité de plus en plus aiguë entre les États pour la maîtrise des marchés, à travers la concurrence féroce et aveugle entre compagnies industrielles, et, comme conséquence, des affrontements qui, en dépit de probables et multiples tentatives de négociations, ne sont pas sans comporter le risque de déboucher un jour sur des conflits militaires ouverts.

Face à ces sombres perspectives, quelles voies peuvent être empruntées ? On vient de voir que seules les régulations, opposées à la course d'obstacles du profit sans frein, sont en mesure de tempérer son ivresse. Cet affrontement ressemble, par certains traits, à celui qui met face à face les langues du monde et l'anglais. Dans les deux cas se trouve illustrée, en effet, une action humaine lucide et volontaire contre une apparente fatalité : soit celle des lois de l'argent, soit celle de la domination d'une langue, apparemment irrépressible. C'est ce qu'on vient de suggérer d'appeler un processus de néguentropie. L'initiative humaine est capable d'engager un combat acharné contre l'inévitable, ou ce que l'on croit tel, c'est-à-dire de changer le monde. Elle possède le pouvoir de le détruire, mais elle possède aussi celui de l'améliorer. **L'initiative humaine est capable de dompter l'entropie.** Le combat pour le français, ainsi que pour les autres langues, est un combat de l'esprit. L'Histoire laisse apparaître que ce genre de combat, malgré son aspect naïf ou désespéré, non seulement peut conduire à des victoires ponctuelles, mais encore finit, au long du temps, par avoir raison des forces aveugles.

Références

— ANDERSSON, N., 2004, « L'exemple suédois », *in* FAVRE D'ECHALLENS, M. (dir.), p. 74-81.

— AURILLAC, M., 2004, *in* GUILLOU, M. (dir.), *Les Entretiens de la Francophonie 2001-2003*, Paris, Alpharès, p. 51.

— BADOT, O. et COVA, B., 2003, « Le néo-marketing », *Revue française de marketing*, novembre 2003, p. 25-36.

— BESSON, L., 2003, « Le cinéma français en survie », *Le Figaro*, décembre 2003.

— BESSON, R., 2004, « Défense du français à la SNCF », *in* FAVRE D'ECHALLENS, M. (dir.), p. 182-187.

— BLANCHE-BENVENISTE, C., ROUGET, C. et SABIO, F. (éds.), 2002, *Choix de textes de français parlé*, Paris, H. Champion.

— BOUCHE, D., 1966, « Les écoles françaises au Soudan à l'époque de la conquête, 1884-1900 », *Cahiers d'études africaines*, t. 6.

— BOURDIEU, P., 1982, *Ce que parler veut dire*, Paris, Fayard.

— BRONNER, L., 2005, « Compétition mondiale acharnée autour de l'enseignement supérieur », *Le Monde* des 2-3 octobre, p. 6.

— CALVET, L.-J. et GRIOLET, P. (dir.), 2005, *Impérialismes linguistiques hier et aujourd'hui*, Aix-en-Provence, Inalco-Édisud.

— CENTASSI, R. et MASSON, H., 1995, *L'Homme qui a défié Babel*, Paris, Ramsay.

— CHIMOMBO, M., 1999, « Language and politics », *Annual Review of Applied Linguistics*, 19, p. 215-232.

— COHEN, D., 2005, « Le classement infamant des universités françaises », *Le Monde* du 15 septembre, p. 17.

— COHEN, E., 2005, *Le Nouvel Âge du capitalisme*, Paris, Fayard.

— DAMOURETTE, J. et PICHON, É., 1911-1927, *Des mots à la pensée, Essai de grammaire de la langue française*, Paris, D'Artrey, 7 tomes + compléments.

— DASGUPTA, P., 1993, *The Otherness of English : India's Auntie Tongue Syndrome*, Delhi-Londres, Sage.

— DÉCHAMPS, M., 2005, « Tableau d'honneur », *Défense de la langue française*, n° 216, p. XV.

— DURAND, C. X., 2004, « Les impostures des apôtres de la communication », *in* FAVRE D'ECHALLENS, M. (dir.), p. 105-122.

— FARCHY, J., 1999, *La Fin de l'exception culturelle ?*, Paris, Éditions CNRS.

— FAVRE D'ECHALLENS, M. (dir.), 2004, « L'avenir s'écrit aussi en français », *Panoramiques*, n° 469.

— FELD, S. A., 1998, « Language and the globalization of the economic market : the regulation of language as a barrier to free trade », *Vanderbilt Journal of Transnational Law*, 31, p. 153-202.

— FIDRMUC, J., GINSBURGH, V., WEBER, S., 2005, « Le français, deuxième langue de l'Union européenne ? », ms., mars 2005.

— FLOCHON, B., 2000, « L'espéranto. Vers une langue universelle ? », *Panoramiques*, n° 48, p. 107-113.

— FODOR, I. et HAGÈGE, C. (éds.), 1983-1994, *La Réforme des langues : histoire et avenir – Language Reform : History and Future – Sprachreform : Geschichte und Zukunft*, Hamburg, Helmut Buske Verlag, 6 vol., 2 707 pages, 90 illustrations.

— FONCIN, P., 1889, « Ce que c'est que l'Alliance française », *Bulletin de l'Alliance française*, n° 29 *bis*.

— FONCIN, P., 1891, « La France extérieure », *Annales de géographie*.

— FOX, M., 1975, *Language and Development. A Retrospective Survey of Ford Foundation Language Projects*, New York, Ford Foundation.

— GAULLE, P. DE, 2004, *De Gaulle, mon père*, Paris, Plon.

— GEORGIN, R., 1957, *Jeux de mots*, Paris, Bonne.

— GOUDAILLIER, J.-P., 1997, *Comment tu tchatches !*, Paris, Maisonneuve et Larose.

— GRANT, C., 2002, *L'Avenir de l'Union européenne en 2010, une vision optimiste pour l'avenir*, Londres, Longman.

— GRIN, F., 2004, « Coûts et justice linguistique dans l'Union européenne », *in* FAVRE D'ECHALLENS, M. (dir.), p. 97-104.

— GUILLOU, M., 2005, *Francophonie-Puissance*, Paris, Ellipses.

— HAGÈGE C., 1983, « Voies et destins de l'action humaine sur les langues », *in* Fodor, I. et Hagège, C. (éds.), I, p. 11-68.

— HAGÈGE, C., 1987, *Le français et les siècles*, Paris, Odile Jacob.

— HAGÈGE, C., 1992, *Le Souffle de la langue*, Paris, Odile Jacob.

— HAGÈGE, C., 1996, *Le français, histoire d'un combat*, Paris, Éd. Michel Hagège.

— HAGÈGE, C., 1997, Préface de Goudaillier 1997.

— HAGÈGE, C., 2000, *Halte à la mort des langues*, Paris, Odile Jacob.

— HAGÈGE, C., 2005a, *L'Enfant aux deux langues*, Paris, Odile Jacob (2e éd.).

— HAGÈGE, C., 2005b, « Le français entre déclin et sursaut », *Le Débat*, Paris, Gallimard, n° 136, p. 179-185.

— HAGÈGE, C., 2005c, « On the part played by human conscious choice in language structure and language evolution », *in Linguistic Diversity and Language Theories*, Zygmunt Frajzyngier, Adam Hodges, David S. Rood (eds.), *Studies in Language Companion*, Series 72, Amsterdam-Philadelphie, John Benjamins, p. 105-117.

— HAGÈGE, C., 2005d, « Le défi de la langue ou la souillure de l'exception », *Faits de langues*, 25, p. 53-60.

— HAGÈGE, C. et HAUDRICOURT, A.-G., 1978, *La Phonologie panchronique*, Paris, PUF.

— HUGUES, P. D', 2004, « Qu'est-ce qu'un film français ? », *in* FAVRE D'ECHALLENS, M. (dir.), p. 131-137.

— HUME, D., 1740, *Traité de la nature humaine*, Édimbourg.

— JACQUESSON, F., 1996, « Langues tibéto-birmanes du nord-est de l'Inde : investigations typologiques en Assam et au Nagaland », *Journal Asiatique* 284-1, p. 159-212.

— JACQUESSON, F., 2003, « Kokborok, a short analysis », *Hukumu*, Agartala, Kokborok Tei Hukumu Mission 10th anniversary volume, p. 109-122.

— JAURÈS, J., 1884, *Conférence*, Alliance française – Association nationale pour la propagation de la langue française dans les colonies et à l'étranger, Albi, Imprimerie Pezous.

— KAHN, A., 2005, « Le problème des brevets d'inventeurs », *Le Monde* du 1er novembre 2005, p. 6.

— KLOSS, H., 1970, *Les Droits linguistiques des Franco-Américains*, Québec, Presses de l'Université Laval.

— LAFFORGUE, L., 2005, « Le français au service des sciences », *Pour la science*, mars 2005, p. 8.

— LALANNE, P., 1957, *Mort ou renouveau de la langue française*, Paris, Bonne.

— LAUGINIE, J.-M., 2004, « Importance du français dans le monde des affaires », *in* FAVRE D'ECHALLENS, M. (dir.), p. 173-179.

— LEBAS, J.-P., 2005, *Capitalisme total*, Paris, Seuil.

— LECHERBONNIER, B., 2005, *Pourquoi veulent-ils tuer le français ?*, Paris, Albin Michel.

— LEROY-BEAULIEU, A., 1891, *De la colonisation chez les peuples modernes*, Paris.

— LEWIN, A., 2004, « De Dieu à Diouf, diversité culturelle et multipolarité », *in* FAVRE D'ECHALLENS, M. (dir.), p. 150-158.

— MILL, J. S., 1848, *Principes d'économie politique*, Londres.

— MINC, A., 1989, *La Grande Illusion*, Paris, Grasset.

— MOURLET, J., 2000, « Leader price », *La Une*, n° 73.

— MUFWENE, S., 2002, « Colonisation, globalisation, and the Future of Languages in the Twenty-first Century », *MOST Journal on Multicultural Societies*, 4, 2, Unesco.

— NORA, P., 2005, « Un non-dit national explique le vote du 29 mai », *Le Monde* du 4 juin 2005, p. 10.

— PHILLIPSON, R., 2004, « L'anglais : menace ou chance pour le continent européen ? », *in* FAVRE D'ECHALLENS, M. (dir.), p. 86-96.

— PHILLIPSON, R., 2005, « L'anglais, un impérialisme linguistique qui ne date pas d'aujourd'hui », *in* CALVET, L. J. et GRIOLET, P., *Impérialismes linguistiques hier et aujourd'hui*, p. 159-171.

— PIRON, C., 1994, *Le Défi des langues. Du gâchis au bon sens*, Paris, L'Harmattan.

— POIGNANT, B., 2001, article dans *Le Monde* du 29 août 2001.

— POOL, J., 1996, « Optimal language regimes for the European Union », *International Journal of the Sociology of Language* 121, p. 159-179.

— PRIESTLEY, T., 2004, « Entreprises et langue française », *in* FAVRE D'ECHALLENS, M. (dir.), p. 166-172.

— RAJAN, R. S. (ed.), 1992, *The Lie of the Land. English Literary Studies in India*, Delhi, Oxford University Press.

— RICARDO, D., 1817, *Des principes de l'économie politique et de l'impôt*, Londres.

— RIVAROL, A. DE, 1964 (= 1784), *De l'universalité de la langue française, Discours* qui a remporté le prix à l'Académie de Berlin, Paris, Club français du livre.

— SAINT-ROBERT, M.-J. DE, 2003, *Lettres de la Section de terminologie et de documentation technique*, Genève, Office des Nations unies, n° 35.

— SAINT-ROBERT, M.-J. DE, 2004, « Langue française et Internet », *in* FAVRE D'ECHALLENS, M. (dir.), p. 188-201.

— SENGHOR, L. S., 1962, « Le français, langue vivante », *Esprit*, numéro spécial, 844.

— SKUTNABB-KANGAS, T. et PHILLIPSON, R. (eds.), 1994, *Linguistic Human Rights : Overcoming Linguistic Discrimination*, Berlin, Mouton de Gruyter.

— SMITH, A., 1776, *Recherches sur la nature et les causes de la richesse des nations*, Londres.

— TAILLANDIER, F., 2004, « Défendre quoi ? », *L'Humanité* du 8 juillet 2004.

— TURK, E. B., 1989, *Child of Paradise*, « Marcel Carné and the Golden Age of French Cinema », Cambridge-Londres, Harvard University Press.

— VAUGELAS, C. F. DE, 1647, *Remarques sur la langue française*, Paris, chez la veuve Jean Camusat.

— VERDOODT, A., 1973, *La Protection des droits de l'homme dans les États plurilingues*, Nathan (Paris)-Labor (Bruxelles).

— VOLTAIRE, F. M. A., 1983 (= 1767), *Correspondance*, Paris, Gallimard « Bibliothèque de la Pléiade ».

— WOLTON, D., 2005, *Il faut sauver la communication*, Paris, Flammarion.

— ZINK, M., 1998, « Mémoire du français », *Situation de la France*, Paris, Julliard, vol. 21, n° 81, p. 135-136.

— ZINS, M. J., 1995, « Le roman indien de langue anglaise et la politique de l'Inde contemporaine. Réflexions sur l'usage de l'anglais dans la littérature indienne », ms., « Politics and the arts », colloque de Bordeaux, avril-mai 1995.

Table

Introduction 7

PREMIÈRE PARTIE

Hier le français, aujourd'hui l'anglais ?

CHAPITRE 1 – Rayonnement passé et présent de la langue et de la culture françaises 15

CHAPITRE 2 – Les positions de l'anglais dans l'Europe d'aujourd'hui 39

SECONDE PARTIE

Les chemins d'action

CHAPITRE 3 – De certains signes encourageants 125

CHAPITRE 4 – Le français et la promotion de la diversité linguistique 189

Conclusion 235

Références 241

DU MÊME AUTEUR

Chez Odile Jacob :

Halte à la mort des langues, 2000 ; « Poches Odile Jacob », 2002.

L'Enfant aux deux langues, 1996 ; « Poches Odile Jacob », 2005.

Le Souffle de la langue. Voies et destins des parlers d'Europe, 1992 ; nouvelle édition, 1994 ; « Poches Odile Jacob », 2000.

Le français et les siècles, 1987.

Chez d'autres éditeurs :

Le Français, histoire d'un combat, Éditions Michel Hagège ; Lgf « Biblio Essais », 1998.

L'Homme de paroles, Fayard « Le temps des sciences », 1985 ; Gallimard « Folio Essais », 1991.

La Réforme des langues : histoire et avenir, avec I. Fodor, Buske (Hambourg), vol. I-II, 1983 ; vol. III, 1983-1984 ; vol. IV, 1989 ; vol. V, 1990 ; vol. VI, 1994.

La Structure des langues, PUF « Que sais-je ? », 1982, 6e édition 2001.

La Phonologie panchronique, avec André-Georges Haudricourt, PUF, 1978.

Le Problème linguistique des prépositions et la solution chinoise, Éditions Peeters (Louvain-Paris), 1975.

CET OUVRAGE A ÉTÉ TRANSCODÉ
ET MIS EN PAGES CHEZ NORD COMPO (VILLENEUVE-D'ASCQ)
ET ACHEVÉ D'IMPRIMER SUR ROTO-PAGE
PAR L'IMPRIMERIE FLOCH À MAYENNE
EN JANVIER 2006

N° d'impression : 64737.
N° d'édition : 7381-1692-X.
Dépôt légal : janvier 2006.
Imprimé en France